与最聪明的人共同进化

HERE COMES EVERYBODY

CHEERS

给久坐者的
12堂体态纠正课

SIT UP
STRAIGHT

[加]荣·范（Vinh Pham）著

乔淼 译

华龄出版社
HUALING PRESS

测一测

久坐对身体的伤害有哪些?

扫码鉴别正版图书
获取您的专属福利

扫码获取全部测试题
及答案,一起了解如何调整
体态,保持健康。

- 通过"吸腹"将肚腩藏起来会损伤身体吗? （ ）

  A. 会

  B. 不会

- 久坐不动可能会引发的问题: （ ）

  A. 心脏病

  B. 脑卒中

  C. 关节炎

  D. 以上均是

- 在工作时用"久站"代替"久坐"有益身体健康吗? （ ）

  A. 是

  B. 否

扫描左侧二维码查看本书更多测试题

谨以此书献给

Myodetox 理疗空间

你坐直了吗？

2020 年年初，在新型冠状病毒疫情（简称"新冠疫情"）尚未席卷整个世界之时，我为拓展 Myodetox 在北美地区的业务进行了一轮融资。在融资过程中，我花了许多时间与投资人及交易师进行会谈。我的性格偏于外向型，这种高级别的人脉拓展工作很对我的胃口。我很享受与这些人会面、交流思想并探索商机。我从中汲取了许多能量和创造力，感觉自己的精力仿佛取之不尽、用之不竭。

2007 年，我开始从事物理治疗师的工作，因为工作需要，我有幸拜访一位科技产业界的大律师。这位律师专司数十亿美元级别的企业合并和收购专案。通过和对方电话沟通，我感觉自己成竹在胸，便率领 Myodetox 团队专程飞赴旧金山与他会面。我们约在他的事务所开会，会议目的是让他进一步了解我们的团队究竟是做什么的。

飞机降落后，我和同事们直奔大律师的事务所。事务所位于一座极具未来感的大厦里，从这里可以俯瞰市中心的整个金融区。电梯径直将我们带上50层，然后"叮"的一声停下来。我们走出电梯，工作人员笑容满面地将我们迎了进去。

我从几十种咖啡中选了一款自己喜欢的口味，然后跟随工作人员进了大律师的办公室。透过办公室的落地窗，旧金山市中心的景色一览无余，这不禁会令人产生一种"我是宇宙之主"的遐想。大律师从办公桌后面起身，欢迎我的到来。办公室的墙上几乎贴满了他的学位和荣誉证书，屋里到处都是堆积如山的文件。

我们开门见山直奔主题。他想要了解 Myodetox 具体的业务模式，以及那些能让我们在业内脱颖而出的独特优势（而不仅是我们那种"更具现代感"的氛围）。我对他说，我们是一个连锁式的物理治疗机构，以一种全新的方式为客户提供服务；我们的团队会先评估客户的身体状况，为客户提供"预保养"，而非被动等待他们在伤病之后前来求助。我们的使命是让"自我照护"成为一种生活方式，并深入每个人的日常生活中。

我们的谈话很自然地过渡到大律师本人的身体上。他忽然从一个杰出、自信的业界大佬，变成了一个玩"医生游戏"的 5 岁小男孩。他说："我的后背最近一直很疼，大概是这个地方吧。你能告诉我这是什么毛病吗？"

他指的是他的腰椎，从人体解剖学上来看，是一个很基础的部位。

"请问您能坐直吗？"

每当遇到主诉背部症状的客户时，我总会首先询问一些基本情况，其中就包括上面这个问题。人在坐直时呈现出的脊柱形态，往往与导致疼痛的原因密切相关。

我花了几分钟向他解释保持正确坐姿的重要性，对他这种经常久坐的人来说坐姿尤其重要。我还教了他一些基本的技巧，例如锻炼核心肌肉，以及一些简单的自我治疗。在此之后我忽然没忍住，说了一句不太得体的话："您是我见过的最聪明的人之一，可您却要为自己的背部问题向一个来自多伦多的、留着胡子的陌生亚裔人士求教！"

我对这位大律师解释道，我说这番话并不是为了让他难堪，因为他所面临的问题正是我和我的治疗机构希望帮助客户解决的。我们希望帮助人们更多地了解自己的身体。身体是一个人最宝贵的财富，我坚信每个人都应该至少对自己的身体有一些基本的认知。我希望帮助人们摆脱疼痛的困扰，教会他们对自己的身体进行预保养，这样他们就能更长寿、更健康。

我的工作内容之一就是与投资人和贵宾客户打交道。他们中绝大多数人都是 A 型人格 [1]，且属于高智商人群。我从他们身上看到了一个共同点——那位大律师也具有这种特点，那就是他们为了功成名就甘愿付出巨大的牺牲，其中最大的牺牲就是他们的身体健康。他们拼命工作，事事力求尽善尽美，却很少关注自己的身体。他们名利双收，直到某一天发现身体"背叛"了自己，这才如梦方醒。或者说，是他们对自己的身体不闻不问，从而背叛了自己的身体。

无福消受自己辛苦奋斗得来的成果，这实在令人沮丧之极。疾病缠身，饱受慢性疼痛之苦，把来之不易的闲暇时间（以及辛苦赚来的钱）大量地花

---

[1] A 型人格（Tpye A Personality）：由美国心理学家迈耶·弗里德曼和雷·罗森曼于 1959 年首次提出，主要特征包括表现欲和竞争欲很强、急躁、缺乏耐心、对时间有紧迫感。已有充分的研究证据表明，A 型人格与心血管疾病有统计学上的强相关，而且 A 型人格是导致心血管疾病的一个重要诱因。——译者注

在医院里，而非与朋友、家人享受生活的乐趣……"成功人士"最大的遗憾莫过于此。

不得不承认，我自己在这方面也未能免俗。创业初期，我一度忽视自己的身体健康。为了打破这个恶性循环，我开发了一套自我照护的方法，即上文提到的"预保养"。预保养的关键在于认真遵循一个"健康体态训练计划"。这套计划易学易用，和我们每天使用牙刷、牙线一样简单。我们应当对脊柱、肌肉和牙齿一视同仁，对前者进行专门的养护。方法本身很简单，但你必须每天坚持，持之以恒，否则疾病就会"不治将益深"。

要知道，身体是每个人最宝贵的财富，你越早开始规律地照护它，以后出现伤病或活动受限的概率就越低。反之，你平时在健康上花的时间越少，以后生病或活动受限的概率就越高。

有人认为，健康和成功（或财富）只能二者择其一，这种观点是大错特错的，应当被坚决摒弃。适度的自我照护有助于你取得更大的成就，赚到更多的钱。

你在工作中是否遇到过对你视而不见的老板？这样的老板很难让人愿意为其效力。如果你讨厌这样的老板，就别以同样的方式对待你的身体。我们不妨以体检为例。你可能会定期去医院做体检或找牙医检查自己的牙齿（但愿你已经养成了这样的习惯）。在体检的时候，即便你没有明显的症状，医院也会给你量血压、拍片子，仔细检查你的身体内部，以期及早发现隐患，并施加干预。可是很少有人会专门去医院检查自己的膝关节，更不用说深入了解它了。你上一次关心自己的膝关节是什么时候？你知道是哪些肌肉控制着你膝关节的活动吗？你知道它们为了让你每天自由行走，为了把你带到每一个目的地，要付出多大的努力和代价吗？你应该做个好老板，多关照自己的身体，这样它才会更好地为你服务。

当然，你也无须过分自责，你对自己身体的忽视（部分地）情有可原。市面上有关减肥、增肌、力量训练类的书籍和资料可谓汗牛充栋，但有关伤病预防、功能训练和运动优化的书籍或资料却凤毛麟角，即便有，也主要是写给专业人士（如教练和物理治疗师）看的。对大众而言，能获得的可靠信息实在太少了。这就是我写作本书的初衷。我将在这本书里向大家介绍我在学习、受训、实践和交流过程中学到的一切，而且是以一种尽可能简单的方式。这样，你无须获得生理学的高级学位，也能学到有关自我照护的知识和技巧。

希望你牢记一点：只有自己活得好，我们才有余力帮助别人。我们父母那一代人总是会优先照顾别人，而如今这个时代流行的是自我照护。或许有人觉得自我照护是自私自利的表现，但自我照护的实质是"确保自己处于健康的状态，以便有能力更好地照顾别人"。这就像在飞机上戴氧气面罩一样，你得先把自己的面罩戴上，然后才能帮助邻座的人！

时间或许并非你的朋友，但也没必要视它为敌人。认真执行本书给出的计划，你或许能与时间达成某种和解。这样一来，你就有能力继续追求你的梦想，享受健康生活带来的便利，并为这个世界做出更多的贡献。

第 1 章

不良体态与疼痛是
一种流行病

SIT UP
STRAIGHT

既然你已经购买并翻开了这本书，我猜你近来应该很少有状态满满的时候。也许你的脖子感到僵硬和酸疼，以至于向左右扭头时就会"咔咔"作响，仿佛牛奶倒进了一碗谷物脆片里。也许你的整个后背，即从尾骨一路向上都隐隐作痛。又或者你盯着电脑屏幕看一段时间，头部就会感到钝痛，不得不揉揉太阳穴来缓解。这些隐约的疼痛最终会变得非常明显，以至于你必须吃止痛药才能正常生活。

　　为什么会变成这样子呢？生活是从什么时候开始变得如此费力而无趣的呢？我究竟是怎么了？

　　当你起身四处走动时，你的髋部会有些发紧。这种紧张感已经改变了你走路的姿态，但这种改变是日积月累、逐渐发生的，所以你起初并未意识到。直到有一天，你从镜子中发现你的步态不复年轻时那样轻松而自然，那个昂首阔步、青春洋溢的你已经消失不见，只留下一个老气横秋、萎靡不振的老家伙……这一切仿佛是不可避免的，但其实此刻的你并没有多大年纪。

你只是看上去显老、主观上感到衰老，仅此而已。你走路的姿势开始变得僵硬，就像你上了年纪的父母一样。你试着俯身去摸自己的脚趾，但是，哎哟，双腿后侧忽然感到一阵剧痛，那里的肌肉好似两根被拉长至极限的橡皮筋，再多拉伸一丝一毫就会彻底断裂。

然而，上面这个场景只不过是困扰你的问题的开始。你可能会纳闷儿，自己的精力都去哪儿了？你曾经拼了命地工作，疯了似的玩乐，以至于睡觉都好像是多余的行为。现如今，晚上 9 点一过，你就像泄了气的皮球，不再想着"一会儿要去哪儿玩"，而只想倒在床上呼呼大睡。你变得暴躁易怒，朋友和家人与你相处时总是战战兢兢、如履薄冰。你的肠胃功能变得衰弱紊乱，胃仿佛在和大脑打架，肠道里则好似发生了交通大堵塞。

正在和即将困扰你的健康问题远不止于此。你可能已经不胜其扰，甚至开始怀疑"活下去还有什么意义"。你知道锻炼是一种重新掌控身体和生活的方式，但种种疼痛和小毛病却令你一小步都不愿迈开。你逐渐陷入无助，幻想着往日自由自在的感觉。疼痛、不适和行动不便改变了你的认知，让你的生活变得糟糕透顶。

自己还能回到从前活力满满的状态吗？还是往后的人生将只有下坡路可走？你大概会有这样的疑问吧。

本书无法回答第二个问题，但对第一个问题，我要给你毫无疑问的肯定回答。在过去这些年里，我治疗了数以百计的客户，亲眼见证了他们的改变。下面就是一个活生生的例子。2010 年秋天的一个早晨，一位名叫南希·埃利奥特的护士来到多伦多找我做物理治疗。她在病历上填写的年龄是50 岁，但她本人走起路来宛若 80 岁的老妪，体态佝偻、步履蹒跚。经过短暂的问诊，我得知她多年来深受髋关节滑囊炎的困扰，在我之前她已接受过13 位医生及物理治疗师的诊疗。

虽然接受过这么多治疗，但南希的情况并未见好转，反倒日益恶化。她两侧的髋关节都伴有疼痛，以致夜间难以入眠。为了止痛，她接受了皮质激素注射，并口服了其他一些止痛药，不料又引发了严重的胃病。她的感觉糟糕至极，医生建议她接受手术，不过她还是对非手术治疗抱着一线希望。

我提出想看看她走路的步态。她小心翼翼地从诊疗桌边起身，在屋子里走了一个来回。她的两只脚向外大大地张开，就像鸭子走路那样。这个简单的任务对她而言似乎格外艰难，她好不容易挪回到椅子旁边，然后蜷着身子坐了回去。

"啊，天哪，我怎么这么惨！"南希直言不讳。

过了一会儿她告诉我，我是第一个用心观察她步态的医生。"无论是门诊的骨科医生，还是每周问诊三次、持续了一整年的物理治疗师，谁都没有这样跟我交流过。他们只是问我'哪儿不舒服'，然后就开始对具体的部位实施治疗。但这并没有什么用，我的疼痛一点儿都没有缓解。"

我希望了解的是南希的体态与步态，我观察到的则是她应对自身问题的"解决方案"。南希的体态和步态之所以如此糟糕，是因为她用一些错误的习惯来解决最初困扰她的问题。也就是说，最初的问题导致了代偿①，进而又引发了新的问题。

我并不会只关注客户疼痛的部位。首先，客户主诉的疼痛部位不一定能准确地反映导致该疼痛的原因。以心肌梗死为例，患者的核心问题发生在

---

① 代偿（compensation）：指身体通过加强某个部分或器官的功能，以弥补另一部分或器官由于病变或老化等原因出现的功能减退。本书中提到的代偿通常发生在运动系统，即原本用来完成一个动作的关节、骨骼或肌肉功能不足，于是身体调用了其他的结构，做出超过后者正常能力范围的活动。这种运动代偿容易引发慢性疼痛或伤病。——译者注

心脏，但疼痛可能并未出现在胸部，而是在手臂、下巴或后背。我们的大脑会影响疼痛的表现形式，也会影响我们对疼痛的感知。孩子摔倒在地，蹭破了膝盖上的皮，却要先抬头看看自己的父母，然后才开始哭。我们的手指被火灼伤，大脑先收到"受伤"的信号，过一会儿才会产生痛感。道理就是如此。

主观感知到的疼痛，以及导致疼痛的根本因素，这二者之间的脱节还可能因时间的推移变得更加复杂。例如，一些患者经常因为膝部疼痛前来求助，但我经过评估，发现问题的根源其实在他们的足部。也就是说，他们膝部的疼痛其实是多年来由代偿导致的"附带损伤"。正确地将疼痛及导致疼痛的根本因素区分开是非常重要的，因为在这种情况下，治疗患者的膝部并不能真正解决问题。

说到体态，我可以通过观察你的站姿判断你的生活习惯。如果我看到你的一侧髋关节明显高于另一侧，你的骨盆向对侧倾斜，骨盆较低一侧的肩相对高耸，我就会问你一些看似不相干的问题。例如，你的职业是什么，你生活的动力是什么，你的目标和梦想又是什么。

我每周与南希会面两次，试图找到她各种疼痛和问题的根源，就像一个侦探要破解一桩迷案一样。如果我和南希尝试了一种方法，但没有什么成效，我们就不再浪费更多时间重复它，而是另辟新途。如果一种方法见效了，我们就在后续的治疗中继续使用它。

经过两年的治疗，南希最终摆脱了疼痛的困扰，也不再需要服用药物。我找到并解决了导致她长期疼痛的根本问题。正如许多人一样，问题的根源是她的体态。当我们的体态糟糕时，疼痛和各种困扰就会接踵而至。

预保养：健康长寿的关键

身为物理治疗师兼连锁品牌 Myodetox 的创始人，我从 2007 年至今，几乎每天都会遇到南希这样的患者。这些年来我遇到了成百上千名这样的患者，他们饱受慢性疼痛的折磨，不清楚这些疼痛的成因，更不知道如何才能治愈。很多人在来我的诊所之前，曾多方寻求物理治疗师、疼痛管理专家和医生的帮助，最后才找到我这里。大多数这类慢性疼痛都是由不良体态和久坐不动导致的。这些糟糕的生活方式会导致关节活动度和柔韧性下降，并导致肌肉力量衰退。这些问题又会环环相扣、彼此助长，但究其根本，不良体态才是罪魁祸首。一旦纠正了体态问题，疼痛就会缓解，患者也能逐渐自如地活动身体，于是恶性循环就转变为良性循环。

疼痛通常不是问题的根源，却是最折磨人的症状表现。或许促使你阅读本书的直接原因就是疼痛。从许多层面上来说，我们对疼痛之下的科学原理还没有形成非常透彻的认识。疼痛因何产生，如何管理，怎样应对？身体某个部位的伤病为何会在另外一个看似毫无关联的部位引起疼痛？为何某些疼痛持续时间很短，有些却经年累月？中枢神经系统可以通过体内的物理-化学过程而重塑，但这种特点并不适用于骨骼和其他器官。上述问题是否有统一明确的答案，对你而言并不重要。如果你正在饱受慢性疼痛的折磨，那么疼痛本身就是问题的全部，科学原理于你而言只是一些抽象概念而已。疼痛宛如一间牢狱，将你囚禁于其中，让你的生活苦不堪言。你唯一需要关心的，就是如何从这间牢狱里逃出去。

慢性疼痛与被刀戳中脚趾或头疼脑热可不一样，它会持续很长时间，即使最初导致疼痛的神经递质已经失活，疼痛也仍然经久不散。慢性疼痛能压垮一个人，令人陷入彻底的绝望。一篇发表于《神经-精神药理学和生物精神病学进展》的文献指出："慢性疼痛患者报告自杀行为或因自杀而死亡的风险至少是普通人的两倍。"[1]处于这种悲惨境地的人常常把自己关在家里，闭门不出，窝在沙发上看电视，服用止痛药，然后默默哀泣自己被迫中断的事业，以及形同死亡的社交关系。他们用于止痛的处方药，本身又会导致新的健康问题，引起强烈的副作用和成瘾反应。仅在美国，平均每天就有38人死于阿片类药物（主要用于重度疼痛的治疗）服用过量。许多人的悲惨遭遇恰恰始于医生开具的止痛药处方。

阿片类药物的滥用和成瘾之所以如此流行，是因为它能迅速镇痛，而且与对症治疗相比更便宜、更便利。背部疼痛、骨盆疼痛、肩颈疼痛、韧带撕裂……各种疼痛和伤病推动着患者在医院进进出出，只为暂时缓解病痛。治疗背部疼痛如今已是一门价值数十亿美元的生意，70%的美国成年人在一生中至少会经受一次背部疼痛的困扰。[2] 这正是我立志研究和解决疼痛问题的初衷。我向往着一个背部疼痛不再如此流行的世界。

就像现代医学的大多数领域一样，物理治疗也倾向于"事后回应"。包括物理治疗在内的整个医疗体系都着眼于治疗已经发生的问题，而非提前预防问题的发生。我的患者绝大多数都是为了"治疗"疼痛而来访。但我在最初的诊疗中会把大部分时间用于纠正他们的不良习惯，帮助他们回到初始状态，而不是尽一切可能为他们"镇痛"。欲速则不达，以退为进、回归本源才是上策。

我相信优化身体排列和运动模式有助于减缓由衰老引起的各种磨损或损伤。我所秉承的"全身整体治疗方法"（full-body-treatment approach）致力于通过减少压力、减轻疼痛、调整体态、增加活动范围和力量训练等方式帮助人体重建平衡。你越是能用正确的体态顺应地球引力，你的呼吸、消化及站、坐、行等功能就越好。我对这一点深信不疑。

一代宗师暨影视巨星李小龙是我的偶像。他敢于摒弃传统、跨界融合，这一点令我十分敬佩。他在健身方面广泛涉猎，阅读肌肉力量训练的书刊，发展出了超越同辈的全新训练理念。我对物理治疗抱着同样的态度：充满好奇，保持开放，敢于打破传统。我不会固执于任何一种学派的成见，而是对不同流派的技法、理念进行筛选，选择那些对患者最有效的方法，摒弃那些无效的方法。

传统的物理治疗师往往秉承头痛医头、脚痛医脚的态度，"你的脚痛是吧，来来来，让我看看你的脚。""你的膝盖痛？好的，我来看看你的膝盖。"我的物理治疗观是整体而全面的，包含了各种各样的策略和取向，其中有一些处理乍看之下似乎与问题并无关联。当患者对我主诉症状时，我不会孤立地看这些主诉，也不会孤立地推测原因，甚至不会简单地将这些主诉局限于他们的"整个身体"。我会结合他们的生活史去做综合分析。这种治疗观的合理性不言而喻，可是在我们这一行里，秉承这种观念的人并不多见。

腰痛、颈部僵硬或连续性头痛都是错误使用身体的结果。长时间久坐办公，经常低头使用电子设备，缺乏足够的运动和锻炼，这些现代人的主流生活方式都是引发身体不适的重要因素。这些生活方式在 2020 年之前就已经存在，但对许多人来说，新冠疫情成了压死骆驼的最后一根稻草。居家办公模糊了办公室和家的界限，导致本来就很长的上班时间变得没完没了。我们甚至无须穿过走廊，走到会议室，只需打开一个视频会议软件就可以开会了。

"科技颈"和"电子驼背"这两个刺耳的概念是用来描述头部前倾体态的。处于这种体态下的人，其头部会向前"探出"，越过肩部，而双眼一直盯着面前的电子设备屏幕（见图 1-1）。"坐直"只是解决方案中的一个步骤，但也是其中最重要、最直接的一步。身体坐直可以帮助你有效避免许多慢性疼痛的困扰，更能避免手术和残疾的风险。理想的坐姿能让颈椎、胸椎和腰椎保持正常的生理曲度，含胸驼背的坐姿则会对背部和颈部肌肉造成巨大的压力，并进一步影响脊柱的排列。此外，糟糕的坐姿还会间接导致抑郁、慢性疲劳和慢性疼痛。如果你平常总是含胸驼背，你的脊椎就会像一扇与门框不匹配的门，每天在错误的位置上、以错误的方式开关无数次，经年累月就会逐渐磨损、受伤。

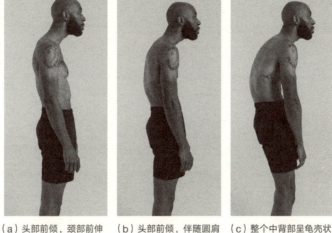

（a）头部前倾，颈部前伸　　（b）头部前倾，伴随圆肩　　（c）整个中背部呈龟壳状
　　　　　　　　　　　　　　　　　　　　　　　　　　　向后屈曲

图 1-1 "科技颈"的逐渐恶化

行动指南
SIT UP
STRAIGHT
重新布置你的居家办公环境。

在疫情期间，由于不良体态导致背部和颈部疼痛而前来Myodetox 求助的患者人数上升了 50% 之多。许多患者在疫情期间不得不改为居家办公。办公室的默认环境设置通常更符合人体工学原理，但在家里，你就只能自己动手了。很多人在居家办公时往往被迫因陋就简。

有些人还能布置出一个像样的工作环境，而另一些人只能抱着笔记本电脑坐在地板上。如果有可能，请参照以下要求来布置你的居家办公环境（见图 1-2）。

- 尽可能让显示器屏幕与你的视线处于同一水平高度，你可以在显示器下面垫一些厚书本以提升屏幕高度。

- 保持键盘与身体的恰当距离，你的小臂应该平行于地面，肘关节呈 90° 弯曲。

图1-2　正确的坐姿

- 打字的时候，手腕应保持主动悬空（离开桌面），而非被动地搁在桌上。偶尔放低手腕休息一下是可以的，但长时间压迫手腕有可能损伤手部敏感的神经和肌腱。

- 在坐姿状态下，你的膝关节和髋关节应该呈 90° 左右的屈曲。

- 每 30 分钟就应该起身活动一下。本书后续章节中列出的放松活动很适合在休息时练习，可防止关节和肌肉僵硬。

SIT UP STRAIGHT
急 / 救 / 良 / 策

快速矫正你的体态

如果你发现自己圆肩驼背已经有一阵子了，那么你可以多做做下面这个"挤压肩胛"（学名：肩胛骨后缩）的练习。这个简单的小练习有助于你矫正体态。

第一步：保持直立，双臂自然下垂（如图 1-3a 所示）。

第二步：两侧肩胛略微前倾，呈轻微的圆肩状态（如图 1-3b 所示）。

第三步：两侧肩胛朝向脊柱的方向运动（后缩），同时下降（沉肩）（如图 1-3c 所示）。

第四步：每次练习重复上述步骤 10 ～ 20 次。

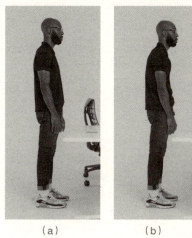

(a)　　　　　　　(b)　　　　　　　(c)

图 1-3　挤压肩胛的练习

　　你应该每隔一小时做一次这个练习，把它变成你休息时间的一部分。你甚至可以在等红灯或堵车的时候做这个练习。该练习有助于让血液流向相关的肌肉。更重要的，它是一个很好的提醒，可以让你的肩胛回到正确的位置。

　　当一个人连续几小时含胸驼背时，就足以对脊柱的某些部位造成显著压力。你可能暂时感觉不到有什么影响，但错误体态带来的额外负担总有一天会导致脊柱的损坏。人类的脊柱结构非常精细、复杂，一旦受损，将永远无法自行恢复原状，即使是医生也不能保证100%帮你修复。

　　当然，请不要误会我的意思，坐着本身并不那么可怕。我不会建议你"永远不要坐下"。从肌肉－骨骼系统的角度来看，只要不是久坐不动，只要能维持一个符合生物力学原理的坐姿，那么坐着并不是一件坏事。问题在于，现代人经常一坐就是很长时间，而且始终保持相对固定的错误坐姿。这些坏习惯相互叠加，导致的额外受力又主要由脊柱承担，久而久之，就会导致脊柱受损。解决之道当然也不是一整天都站着，长时间保持站姿会导致另外一些健康问题，我会在后续章节中谈到这一点。言归正传，我的建议很简单：你应该在 80% 的时间里确保自己的坐姿是正确的。我相信这是帮助你迈向身心健康的第一步。

行动指南
SIT UP
STRAIGHT

尝试用抗力球代替椅子。

如图 1-4 所示，你很难在抗力球上保持弯腰驼背的坐姿，如果你真这么干，它会从你身下被挤出去，让你一屁股坐在地上。抗力球会迫使你保持一个正确的坐姿，始终保持核心肌群收紧，以便维持稳定。有些人之所以喜欢抗力球，是因为坐在上面能多消耗"一点点"热量，不过这只能

图 1-4　在抗力球上的坐姿

算一个额外的好处。抗力球真正的功用在于提醒你，要始终留意自己的坐姿是否正确。

如果你手边没有抗力球，你也可以坐在椅子靠前的边缘，让膝关节呈 90° 弯曲，双脚平放在地面上。这个坐姿能让你更容易保持坐直的姿势，因为在这个位置上偷懒，把脚向前伸出去，会让你感到非常难受。

体态：面向全世界的宣言

无论是站立、执行某个动作，还是从一脚踏空后的趔趄恢复常态，你身体的各个关节都在各司其职，帮助你维系体态和平衡。在此过程中发挥作

用的是你全身的各个姿势肌①。如果没有这些肌肉协助抵抗地球引力，身体就只是包裹在皮囊里的一堆散碎骨头。许多人在成长过程中对自己的体态不太在意，直到某一天因为懒洋洋地斜靠在书桌或餐桌边上，被老师或家长批评。这其实未尝全是坏事。对孩子而言，因为体态不良而遭到批评通常会令他们反感，甚至无视：我只要主观上感到舒适自在就行了，为什么要在意自己的坐姿好坏呢？有关"坐直"的要求就这样成了一阵耳旁风。

然而我们知道，保持良好体态是至关重要的。好的体态能展现我们的力量和气势，而慵懒的体态则象征着软弱和服从。体态的这种象征意义可以追溯到古代。在古希腊的雕像作品中，主体人物总是呈站姿，身体拉长，昂首阔步。这是发号施令者的体态，会赋予人物神一般的气场。如果艺术家们想让某人名垂千古，就会赋予其雕像最完美的造型和姿态：既不会畏畏缩缩，也不会抓耳挠腮，一副"啊，俺的背好痛！"的姿态。历史总是铭记胜利者，而胜利者总是昂然挺立的。

久坐不动的生活方式会导致体态变糟，我们倾向于认为这是人类生活中新近出现的趋势，但实际上，这种体态懒散导致的恶习在历史上早有先例。在古埃及的象形文字中，劳动者的体态总是教科书一般的：挺起后背，高昂头颅，保持完美的平衡。他们习惯将重物顶在自己的头上。如果弯腰驼背或脖子前伸，携带的重物就会掉到地上。

贵族和统治阶级的画像也同样引人注目。许多画像中的人物弯腰佝偻或头部前倾，与当代出现"科技颈"的、二十来岁的年轻人别无二致。我们据此可以推测，这些过去的"社会精英"相比于劳动人民，也不过就是些

---

① 姿势肌（postural muscles）：又称或稳定肌。在人体从事某种运动或处于某个体态时会持续维持等长收缩，帮助身体保持稳定。典型的例子就是竖脊肌。——译者注

"沙发土豆"①。他们的身体因糟糕的体态而受到损伤，与今天常见的情况如出一辙。

在大自然中，动物的体态同样能传递出许多信息。例如，两只狼碰面的时候，地位较高的狼总会保持较直立的姿态，而地位较低的狼则会身体放平、腿部屈曲。后一种姿态同时也有助于抵御攻击。这种现象在整个动物界都十分常见，它通常代表着避免（而非挑起）冲突。"不要惹我，这样你好我也好。"动物们通过体态传递了这样的信息。避免冲突有助于把注意力放在更重要的事情上，比如寻找食物。

行动指南
SIT UP
STRAIGHT

评估你的内在状态，并检视它如何通过你的外在状态体现出来。

你此刻的心情如何？你今早起床时，是否处于一种"准备好了大干一场"的状态？倘若如此，你大概会骄傲地站直身体。你是否觉得不堪重负？倘若如此，你的颈椎、肩胛和锁骨可能会感到额外的压力。你是否觉得心情悲伤？倘若如此，你可能视线朝下，双肩内收，肋骨缩紧。

你的体态向外界昭告着你的内在状态，这是自然界通行的规律。

人类的肢体语言遵循着相似的规律。下次去酒吧，你可以稍微留意一下其他客人的体态。缺乏自信的客人通常会待在角落里，一边小口啜着饮料，一边低头玩着手机，假装很忙或有事可干。这是他们的保护色，为的是避免可能的拒绝。处于注意力中心的客人通常站得笔直，仿佛有强大的磁场

---

① 沙发土豆（couch potato）：指人长时间坐在沙发上，就像土豆一样一动不动，时间久了，人就像土豆一样胖胖圆圆的。这是一种不健康的生活方式。——编者注

一般，吸引着其他人以舒适的体态围坐在他们周围。每个人都通过这种方式无声地传递着一些信息。

总之，我们应当对自己的体态重视起来，而且越早越好。不良体态会影响所有年龄段的人，而且会随着年龄增长而加剧。到2050年，全球1/6的人口会超过65岁。[3]这会带来很大的麻烦。身体机能的缺陷会随着时间而累积，失能和随之引发的后果也会更加严重。

一些人认为保持良好体态需要持续付出艰苦的努力，就像某种"耐力测试"。其实不然，良好体态应该是毫不费力的，无须刻意而为或努力保持，关键在于循序渐进，脚踏实地，逐渐恢复正常的骨骼排列，放松骨盆和肩部周围的肌肉群，并且形成正确的本体感觉。

一辆汽车刚被生产出来时处于"出厂状态"，同理，动物的先天生理结构也为其设定了一种自然的标准状态。动物的行为主要基于其本能，基本不会受到出生和成长环境的影响。人类的发展则很大程度上受到成长环境和后天教育的影响。人类是通过经验学习的，以我自己为例，我的父母是越南人，我从小在蒙特利尔长大，这是一座说法语的加拿大城市。在成长过程中，我在家里学越南语，在学校里学法语，又通过看《芝麻街》学了英语。这个语言和经验的大熔炉帮助我习得了今日的语言模式。不过后来我搬到了多伦多，日常不再讲法语了。从那之后，每次和别人讲法语时，我总会为措辞颇费踌躇，尽管我学法语已经20多年。无论在原有的模式下熏陶多久，我们的行为还是会不断地随着日常经验更新。

和语言模式一样，你的站姿和坐姿同样反映着过去的经验。如果你对某种特定的体态不满，你可以弃之不用或做出改进。若要改造你的身体，你就要让它习惯不同的动作模式和经验。

一位老先生曾经说过，一个人的故事就刻在他的体态里面。他的意思是说，一个人的个性反映着他／她迄今为止所有的经历，同理，一个人的身体过去经历的一切也会在无形中影响他／她的"体貌特征"，并且通过习惯不断得到强化。这种体貌特征就是人记忆和经验累积的产物。

你的体态并不一定会随着年龄增长而变差，但你必须为此付出努力。如果你能认真遵循本书的指导，保持健康的体态，你的身体就能在整个成年期正常且高效地运作。这种日复一日的健康体态能帮助你的身体实现"预保养"的目标，而且能延缓衰老。好吧，这件事听上去有点像天方夜谭。其实不然，你的生理年龄是由出生日期决定的，因而无法改变。但是你的身体也有一个功能与形态意义上的年龄。在我看来，后一种年龄是预测健康长寿更精确有效的指标，而且这种年龄是可以逆转的！

有句话是这么说的，"74 岁的人，47 岁的身体"。这就是我要强调的重点。这种"逆生长"是完全可行的。一个生理年龄 20 岁但缺乏运动的人，其身体年龄可能高达 40 岁。更加极端的情况会发生在吸烟者身上，他们的身体年龄得再增加好几十岁。吸烟不仅会加剧肺部老化，还会在细胞层面上毒害整个身体，这就是它与许多种癌症都高度相关的原因。

还有，你的生理年龄越大，就越难消除不良体态对你造成的长期影响。如果你一辈子都弯腰驼背，到 50 多岁才想起要改善体态，那么你能实现的改变就会很有限。如果你还不到 40 岁，你能消除的损伤就会多出一些。无论如何，及早发现、及早改变，总好过一直拖着、什么都不做。

遗传因素会影响一些人的脊柱结构，进而影响后天体态。但对大多数人来说，后天因素对体态的影响远大于先天。你此时此刻的体态是你过去行为的产物。也许你小时候是个害羞的人，渴望融入群体而非一个人形单影只，于是你直到成年之后还是习惯点头哈腰。导致你此刻体态不良的原因可能有无数种。认识到这一点非但没有让我心怀沮丧，反而让我满怀希望，但愿你也能从中感受到希望。一旦能清楚地意识到是哪些因素导致了你此刻的体态，你就能以实际行动进行干预。体态这个议题的有趣之处正在于此。从许多层面上来说，你的体态就是你过往经验的集中体现，即使有时候你对此毫无觉察。如果你真的想要改善你的生活，就从改变自己的体态开始吧！

第 2 章

常见坐姿及其
影响

SIT UP
STRAIGHT

决定一个人体态的核心要素有两个：脊柱和骨盆。我们先来讨论脊柱。作为人体的核心支撑结构，脊柱必须十分稳定，同时又要足够灵活。只有足够灵活，你的脊柱才能帮助身体完成各种各样的运动，而非僵直如一根铁棒。脊柱标志性的生理弯曲就像桥梁上的拱形结构，有效地分散、吸收了运动产生的机械应力，使身体免于散架。我们会在本书中反复谈到这些生理弯曲。不幸的是，脊柱同时也是人体疼痛的一大起源。脊柱几乎参与了身体所有的运动，因此背部一旦出现疼痛，就会影响生活的方方面面，哪怕你只是稍微换个姿势。

我们的脊柱由 26 块椎骨组成。这些椎骨就像积木一样成串排列，中央留出一条长长的椎管，人类的脊髓就从这条椎管中穿过。脊柱的首要任务就是保护脊髓和脊神经免受伤害。人体的各个部位通过脊髓与大脑互通，所有的感觉和运动信号都需要通过脊髓传输，因而脊柱的任务不容有失。

脊柱通过一些韧带与身体的其他部位连接，构成一个整体。每两块椎骨之间都隔着"垫片"状的圆盘结构，我们称之为椎间盘。椎骨和椎间盘通过小面关节连接。椎间盘里充满一种胶状物质，就像装满果酱的甜甜圈。椎间盘能够吸收冲击力，从而起到保护脊柱、促进脊柱灵活运动的作用。如果没有椎间盘，人的身体就会变成铁板一块。

当脊柱反复承受压缩和扭曲的机械力时，环绕在椎间盘的胶状物质核心外周的组织就会出现轻微的撕裂。最终，这个核心里的胶状物质可能会被挤出，我们称之为"椎间盘突出症"。这些被挤出来的胶状物质可能会压迫到神经，引发强烈的疼痛、刺痛或麻木，极端情况下还会导致受累部位丧失力量，甚至丧失活动能力。糟糕的坐姿、不良的体态和错误的力量训练动作极易损伤或撕裂中下段脊柱的椎间盘，因而这一段脊柱是慢性疼痛的高发区域。

从正后方观察，脊柱应该向下垂直于地面。从右侧观察，脊柱应该呈字母"S"形（见图2-1）。

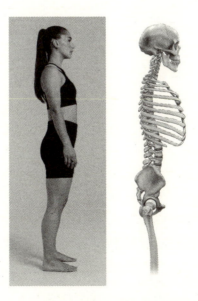

图2-1 脊柱呈"S"形的站姿

脊柱的上段（颈椎）、中段（胸椎）和下段（腰椎）各有一个标志性的、柔和的生理性弯曲。其中颈椎和腰椎的曲度是向前的，呈左右反写的字母"C"形。胸椎的曲度则是向后的，呈正常的字母"C"形。

一些人的脊柱由于遗传因素和 / 或不良体态的影响，会出现排列异常。常见的排列异常包括：

腰椎前凸：脊柱的下段曲度向前增大，就像后腰被人用棍子狠狠地戳了一下（见图 2-2）。

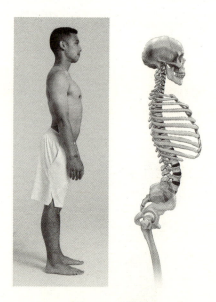

图 2-2　腰椎前凸

胸椎后凸：脊柱的中段过屈[①]，向后凸出。小说《巴黎圣母院》中的卡西莫多就是一个典型的例子，尽管有些夸张（见图 2-3）。

[①]　在人体解剖学中，"屈"会导致关节角度减小，而"伸"会导致关节角度增大。故脊柱的屈会使各节椎骨在矢状面上向身体腹侧运动，表现为低头、驼背和弯腰。——译者注

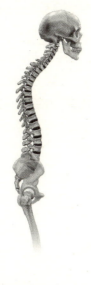

图 2-3　胸椎后凸　　　　　　　　图 2-4　罹患平背的人的站姿

平背： 腰椎段的生理曲度减弱或消失，使得 S 形的下半部分被拉直（见图 2-4）。罹患平背的人通常很难维持站立姿势。

脊柱侧弯： 顾名思义，就是从后方看，脊柱向一侧出现屈曲（见图 2-5）。先天性脊柱侧弯是最常见的脊柱排列异常，导致这种情况的原因是胎儿的椎骨在子宫内未能正常成型并排列到位。

脊柱的颈椎、胸椎和腰椎段参与了身体所有的日常活动。你每一次晃动头部或转动颈部都需要颈椎参与，躯干的转动必须靠胸椎才能实现，弯腰捡拾物品或系鞋带则少不了腰椎发挥作用。如果某段脊柱的活动经常超出其正常的活动范围，这段脊柱就更容易出

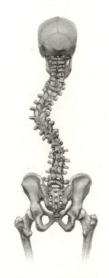

图 2-5　脊柱侧弯

现不良排列或习惯于错误的动作模式，从而更容易受到损伤。

如果身体的某一部位活动度受限，大脑就会调动相邻的其他部位增加活动度以便做出代偿，而代偿是有代价的。比如，你很热衷于高尔夫球运动，但出于某种缘故，你的胸椎活动度降低了，当你开球的时候，你健康的腰椎就要代替僵硬的胸椎帮助躯干旋转。这就是一种代偿。于是，几年之后的某天，你发现自己的腰椎突然出现了问题。

以下这些日常活动会给对应的脊柱节段造成额外的压力。

颈椎：

√　开车时摇头晃脑。

√　歪着头接打电话。

√　办公时抻着脖子或探着头。

√　睡觉时头向后仰或向一侧扭转。

胸椎：

√　参与涉及大量躯干旋转动作的体育运动（如高尔夫、拳击、网球或棒球）。

√　工作时维持扭转躯干的姿势（如电脑放置在你桌子偏左或偏右的位置上）。

√　坐着的时候含胸驼背。

√　因为个子太高，和别人说话时需弯腰低头，以维持目光接触。

√　睡觉时保持扭转躯干的姿势。

腰椎：

√ 坐着的时候含胸驼背。

√ 站立或坐着的时候将身体斜靠在某物上。

√ 以不符合生物力学原理的姿势搬运重物（如弯腰俯身、用背部
发力捡拾物品）。图 2-6 对比了搬运重物时的正确姿势和错误
姿势。

（a）搬运重物的正确姿势：蹲低身体，
保持背部收紧，借助双腿的力量站起

（b）搬运重物的错误姿势：
仅使用背部肌肉发力

图 2-6　搬运重物时的正确姿势与错误姿势

√ 在负荷过重的状态下旋转或屈 / 伸背部。

√ 以对背部有害的姿势睡觉。例如，躺在过硬的床板或过软的床
垫上，或者趴在桌子上午休。

√ 长时间从事腰背部负担较大的工作，如建筑工人或需要久站、
久坐的工作（流水线工人、餐馆服务员、办公室职员、卡车或
网约车司机等）。

√ 以错误的姿势走路或跑步。

"pelvis（骨盆）"一词的词源来自古希腊语的 *pella*，意为"大碗"。人体的骨盆由四块骨头组成：位于后方的骶骨和尾骨，以及两侧各一块髋骨。四者构成一个封闭的环状结构，中间的空腔即盆腔。盆腔容纳了许多人体器官，尤其是生殖器官，是个"性命攸关"的敏感部位。骨盆是人体的重心所在，许多大大小小的骨骼肌也以骨盆作为起止点。因此骨盆对体态、运动和人体功能都十分重要。骨盆若处于失衡状态，人体的姿态和运动都会受到影响，而且极有可能引发疼痛。

影响骨盆排列的主要是髋部的屈肌群（即髂腰肌）和伸肌群。大腿上的三个肌群也会影响骨盆的排列：大腿前侧的股四头肌、大腿内侧的内收肌群，以及大腿后侧的腘绳肌。这三个肌群中的任何一组出现肌力失衡，都会导致另外两个肌群的过度使用、过度紧张或过度拉长。

"骨盆倾斜"是物理治疗师和其他一些专业人士经常挂在嘴边的术语，它指的是骨盆的位置相对于大腿股骨和身体的其他部位出现了偏移。人类的骨盆可以前倾、后倾或侧倾。通常情况下，如果一侧的骨盆出现了前倾，那么另一侧也会跟着前倾。后倾也是同样的道理。不过有些情况下一侧骨盆可能会前倾，而另一侧会后倾。有时这会让人的两条腿看上去长度不一（尽管事实上并非如此）。我们会在本书的第 6 ～ 9 章再次讨论骨盆倾斜的问题。

正确的站姿和坐姿

本书的一大主题是讨论久坐或久站导致的各种问题，尤其是长期伏案工作导致的问题。不过，在我们讨论"错误的站姿和坐姿"之前，我们要先界定何谓"正确的站姿和坐姿"。

我们会从正确的站姿开始，因为人的站姿会在很大程度上影响人的坐姿。人体的标准站姿见图 2-7。

图 2-7 人体的标准站姿（侧面观）

注：图中的白色垂线，耳根、肩峰、髋部、膝关节前侧和踝骨前侧 5 个点应当位于这条线上。

其要点为：

√ 从侧面看，耳朵位于肩的正上方。

√ 肩峰位于髋部（股骨大转子）的正上方。

√ 骨盆处于中立位。

√ 膝关节保持一定的弹性，既不锁死，也不过伸。[①]

√ 脊柱各段的生理曲度维持正常。

√ 双脚开立，与髋部同宽。

---

① 膝关节过伸（hyperextension）：指的是膝关节在腿伸直的情况下呈现向后弯曲的状态，常见于经常穿高跟鞋的女性。——译者注

√ 双脚尖自然指向正前方，既不内八字（"鸽子脚"），也不外八字（"鸭子脚"）。

√ 体重平均分配在两脚上，脚底三点支撑，如三脚架一般①。

　　许多人的站姿是很糟糕的，尤其是当他们站在某处不动的时候。错误站姿和错误坐姿对脊柱造成的压力大同小异，因此以站姿和坐姿交替办公并非包治百病的良药。只要站立时间稍微一长，姿势就会开始崩坏。站姿的崩坏通常从骨盆开始：要么向某个方向倾斜，要么重心向一侧偏移。绝大多数人都喜欢"稍息"的站姿，将大部分体重习惯性地压在某一条腿上。这种做法会导致骨盆向一侧歪斜，对脊柱造成额外的压力。

　　有些人认为，既然站和坐在事实上是两个不同的动作，站着办公总归比坐着办公更有利于健康。但鲜有证据表明，站姿办公比坐姿办公更有益处。你也许听过这样一种说法，站着办公能燃烧更多的卡路里，然而一些研究结果表明，二者的能量消耗其实相差无几。[1]

行动指南

站立办公时，给自己找一个"踏脚凳"。

　　如图 2-8 所示，站立办公时，你可以找一个踏脚凳或一摞书，将一只脚踏在上面。这种做法有助于保持你的骨盆平衡，防止你不自觉地进入"稍息"站姿。记得每 5 分钟换一次脚，保持身体两侧的受力大体均衡。

———————————

① 自然站立时，每只脚的足底应有三个点均匀地支撑重量，分别为大脚球（大脚趾根部）、小脚球（第四与第五脚趾根部）和足跟，这三点构成一个三角形。——译者注

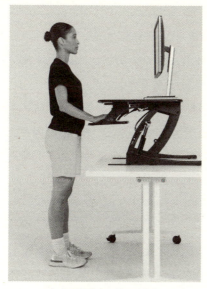
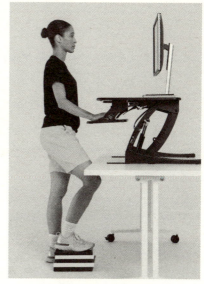

（a）理想状态下的正确站姿　　　　（b）借助踏脚凳或一摞书辅助站立

图 2-8　站立办公的正确姿势

工作中的时间分配
我应该站多久（或坐多久）？

　　一种观点认为，在传统的 8 小时工作时间里，人们应当每 1 小时至少起身休息一次。另一种观点认为，人们在工作期间应该有一半的时间保持站姿。[2] 如果 8 小时工作时间中有一半的时间要站着，那么就是 4 小时，很显然，连续站 4 小时实在太累了。比较折中的做法是每 30 分钟切换一次姿势，即坐半小时，站半小时，如此循环往复。这不是一件轻而易举就能做到的事，但值得为之努力。如果你的工作环境或条件不允许这样做，那么至少应该每 30 分钟起身一次。你可以用智能手机或手表设一个 30 分钟的闹钟，每当闹铃响起时，就站起来走动一下，做一些本书中提到的放松训练。你的身体会因此受益良多。

如本章后半段所述，你在半小时的坐姿过程中应当尽量尝试"军人坐姿"（见图 2-12）或"客厅坐姿"（见图 2-13）。坐一段时间之后姿态变差是在所难免的，但你应该努力减少糟糕坐姿的占比——每坐 1 小时，最多允许自己有 5 ～ 10 分钟处在糟糕的坐姿，不能再多了。

我不建议你在工作时用"久站"代替"久坐"还有另外一个理由，那就是长时间站着不动会影响认知功能。一项研究表明，在持续站立办公 2 小时之后，被试的某些认知功能（包括问题解决能力）出现了显著的下降。售卖升降办公桌的商家通常会宣称他们的办公桌有助于提高工作效率，但这种说法目前并没有什么依据。

办公室职员对自己的坐姿普遍不太在意。研究人员发现，在工作的时候越是专注于工作本身，也即工作压力越大，工作者对自己的坐姿就会越不在意。含胸驼背的坐姿会导致骨盆向后倾斜，令腰椎的曲度趋于消失，并且令脊柱承受额外的压力。为了避免这种情况发生，我们应该参照图 2-9 调整自己的坐姿：

√ 双脚踩实地面。

√ 膝关节呈 90° 弯曲。

√ 髋关节呈 90° 弯曲，而且位于脊柱和肩部的正下方。

√ 后背与座椅靠背自然贴合。

√ 座椅靠背能为腰椎提供稳固的支撑。

√ 双肩与腰椎的位置对齐，不要圆肩。

√ 手臂保持放松状态，而且得到良好的支撑。

√ 肘关节呈 90° 弯曲。

√ 眼睛与显示器的上 1/2 或 1/3 位于同一水平高度。

√ 任何情况下都不要向左右方向歪斜身体。

√ 如果脚够不到地面，就踩在一个踏脚凳上。

图 2-9　工作时的标准坐姿

注：双肘呈 90° 弯曲是一个常被忽视的要点。如果肘关节位置过高，为了
方便触及键盘，你的斜方肌就必须做出代偿——向上提拉手臂，这很容易
导致疲劳或肌肉痉挛。

需要强调的是，上述坐姿是一种理想状态下的正确坐姿，你不可能
（也没必要）始终像机器人一样维持这样完美的坐姿。营养学中有所谓的
80/20 原则，即为了实现健康目标，你只需保证摄入的食物有 80% 是"健
康"的，其余 20% 则可以是垃圾食品或甜食之类。我希望你把同样的原则
应用于体态的控制：你只要在 80% 的时间里保持上面那种正确的坐姿就好，
在剩下的 20% 时间里，你可以含胸驼背，可以"葛优躺"，想怎么坐就怎么
坐。与其始终如一、僵硬地保持完美坐姿，还不如偶尔变换一下姿势。你的
味蕾会对一成不变的食物感到厌倦，你的坐姿也没必要永远保持一种。

拿一个 350 毫升或 500 毫升左右的圆柱形水杯或一瓶矿泉水，把它放在你的背部和座椅靠背之间（如图 2-10 所示）。每隔一段时间（如 10 分钟）就调整一下水杯或水瓶的位置。这个水杯或水瓶可以更好地支撑你的脊柱，并且帮助你建立相关的肌肉记忆。

（a）将水杯放置在腰椎段　　（b）将水杯放置在下　　　（c）将水杯放置在
　　　　　　　　　　　　　　　　　　胸椎段　　　　　　　　　上胸椎段

图 2-10　帮助你建立肌肉记忆的坐姿

我们无须以非对即错的方式审视自己的坐姿，而可以用一个连续的量表来衡量自己总体坐姿的好坏。这就像医生让我们给自己的疼痛打分：量表的一端是代表没有疼痛的笑脸，另一端则是痛得要死、泪流满面的表情。我们坐姿量表的 0 分代表含胸驼背、极端懒散的姿态，用来维持坐姿的肌肉统统没有工作，只留下脊柱、韧带和关节承担全部负荷。你可以在 20% 的时间里含胸驼背或"葛优躺"，这样问题不大，但千万别超过这个比例。

坐姿量表的 10 分则代表中立、支撑良好、理想状态下的坐姿，身体的相关肌肉都在正常工作，保护身体免于承受额外的压力。你应该在 80% 的时间里保持这样的坐姿，就仿佛有个小人儿时刻在用量角器测量你肘关节和膝关节的角度。你不可能时刻保持完美，但是随着时间的推移，你的总体状态会趋近于完善。

绝大多数人在绝大多数时间里的坐姿都落在量表的两个极端之间，既没有很好地坐直，也并非极端懒散。你在某一时刻的坐姿越接近于满分标准，就越有益于你的身体健康。

行动指南
SIT UP
STRAIGHT

不要一直用站姿或坐姿办公。用站姿完全取代坐姿无助于改善你的健康状况，反之亦然。生命在于运动，促进健康有效的做法之一是尽可能多地起身活动。你一天当中最好能有 25% 的时间让身体处于活动的状态。

9 种常见坐姿

霸王龙坐姿

当人们高度专注于工作任务、在极大的压力下工作或十分疲惫时，就很容易出现这种坐姿（见图 2-11）。我用 13 寸显示器编辑本书文稿时，就会呈现这种坐姿。值得注意的是，视力有问题的人格外容易采用这种坐姿。因此，如果你感到自己看不清楚屏幕，就赶快去检查和矫正视力。

优点：节省体力，有助于肌肉休息和提高专注力。

缺点：对整个脊柱和骨盆都会造成额外的压力，导致整个背部后侧链紧张，并使身体前侧过度压缩。

允许持续时间：每次最多 5 分钟！

图 2-11　霸王龙坐姿

军人坐姿

军人坐姿（见图 2-12）一开始很难保持，但稍加练习就能逐渐掌握。如果你需要长时间盯着显示器屏幕坐班，那么军人坐姿是一种非常理想的坐姿。如果你能自如地处于这种坐姿，说明你的姿势肌已得到了充分的强化。

优点：展现自信，令整个身体均匀承受压力，有利于维持呼吸和训练姿势肌。

缺点：需要刻意练习才能掌握，刚开始时可能令人不适。

允许持续时间：每次 30 分钟。

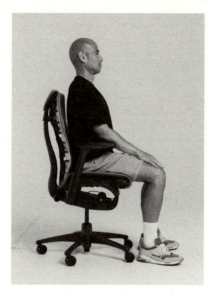

图 2-12 军人坐姿

客厅坐姿

客厅坐姿（见图 2-13）是一种较为放松的坐姿，很适合阅读或全神贯注工作时使用。这种坐姿也有助于让人进入理想的放松状态。另外，这种坐姿还有助于避免霸王龙坐姿的某些缺点。

优点：首先，这种坐姿令身体处于 135° 角，对椎间盘造成的压力得以最小化。其次，这种坐姿有助于身体放松，让人工作、休息两相宜。

缺点：绝大多数的办公椅并不支持这种坐姿。长时间处于该坐姿也会对姿势肌造成额外负担。

允许持续时间：每次 30 分钟。

图 2-13　客厅坐姿

前倾式办公坐姿

前倾式办公坐姿（见图 2-14）是介于霸王龙坐姿与军人坐姿之间的一种坐姿。在该坐姿下，人体躯干上半部分保持挺直，腰部以上向前做铰链式倾斜——注意图中的模特并没有圆肩驼背！此时你既能专注于工作，又能分出部分精力注意自己的体态。该坐姿的主要缺点是头部依然会前倾，而且相当一部分体重要由手臂承担。

优点：铰链式动作能锻炼姿势肌，整体效果虽不如军人坐姿，但优于霸王龙坐姿。

缺点：如果姿势肌本身较弱，那么你可能会弯曲下背部，并进一步前倾头部。

允许持续时间：每次最多 10 分钟。除非你想用这种坐姿收到拉伸效果，否则最好进一步缩短时间。

图 2-14　前倾式办公坐姿

拐角式坐姿

拐角式坐姿最有可能出现在你看电视的时候（见图 2-15）。该坐姿虽然能令人放松，但你应该避免长时间保持这个坐姿。把体重完全压在身体的一侧，会破坏身体的受力平衡。如果你总是习惯把特定的一侧斜倚在沙发拐角上，那么你最好偶尔花个 10 分钟，用同样的姿势把身体的另一侧倚在另一侧的拐角上，以便拉伸惯用的一侧。

优点：打开身体一侧的侧链，借助沙发分担了一部分体重，因而有助于身体放松。

缺点：不对称的受力分布会对脊柱及髋部、背部的肌肉造成一定的压力。

允许持续时间：每次 10 分钟，稍微再短一些也可以。

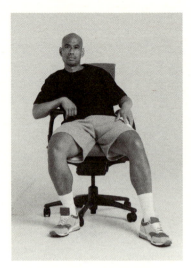

图 2-15　拐角式坐姿

二郎腿坐姿

很多人都喜欢二郎腿坐姿（见图 2-16）。这种坐姿能伸展一侧的髋部，让人获得一些放松感（特别是在一场紧张的会议期间）。问题在于大家经常习惯于只翘一侧的二郎腿，于是身体重量就会过多地转移到被拉长的一侧去。

优点： 在大体保持坐直（类似于军人坐姿）的情况下放松了抬起的那条腿，并且转移了身体重量。

缺点： 大多数人习惯只翘起一侧的二郎腿，忽视左右平衡，从而导致骨盆和髋关节侧面受力不均。

允许持续时间： 每次 10 分钟。最好每隔几分钟就换一次腿。

图 2-16　二郎腿坐姿

盘腿坐姿

我小时候如果犯了错，我妈妈总是以这种坐姿对我说话。她的坐姿总是笔直而令人生畏的（见图 2-17）。盘腿坐姿要求髋关节的活动范围足够大，并非每个人都做得到这一点。和二郎腿坐姿一样，正确的盘腿坐姿会让人显得很有精神。不过为了避免身体两侧受力不均，你最好过段时间就换一次腿。

优点：有助于巩固和强化上背部和下背部的正常生理曲度。

缺点：容易造成骨盆两侧受力不均。位于上面的腿的髋关节前侧（包括关节、关节囊和关节内软骨）会受到挤压。总是将某一侧的腿放在上面还容易导致左右失衡。

允许持续时间：每次 10 分钟。最好每隔几分钟就换一次腿。

图 2-17　盘腿坐姿

前倾式坐姿（也叫"游戏玩家坐姿"）

我很喜欢这种坐姿（见图 2-18），但理由也许不那么正经。游戏玩家在盯着电视机屏幕的时候经常采取这种坐姿，此时他们往往超级专注。如果课堂上有学生采用这种坐姿，那么你应该努力和他 / 她加入同一个学习小组。不过，这种坐姿会令深层颈屈肌变弱，导致头部前倾，不一会儿你就会变得含胸驼背了。

优点：相比于直立的坐姿更加放松，同时也有助于保持专注力。

缺点：如果持续时间太长，就会导致脖子前伸。总是处于该坐姿还可能引发视力问题。

允许持续时间：每次 10 分钟，稍微再短一些也可以。

图 2-18　前倾式坐姿（游戏玩家坐姿）

认真的玩家坐姿

"认真的玩家坐姿"（见图 2-19）对我来说具有一些特殊的意义。在接受物理治疗师训练时，我会在心血管医学的课程中不自觉地进入这种坐姿，这说明此时老师讲到了某段值得格外认真学习的内容。焦虑情绪促使我的身体前倾，头部也过度前倾，这会让我的压力陡增。但另一方面，这个坐姿也会告诉我面前的人，我真的在很认真地听他 / 她说话！

优点：有助于人保持高度专注。

缺点：容易导致圆肩驼背，颈部前伸，头部过度前倾。如果你同时处于高压状态，这个坐姿还会让你的整个体态显得超级难看。

允许持续时间：每次最多 5 分钟。如果可以的话，永远别用这个坐姿。

图 2-19 认真的玩家坐姿

　　有些人的身体在结构上与常人存在一些差异，如双腿过长或过短、髋部过宽、脊柱侧弯、慢性疼痛。这些人在采用上述坐姿时需要做出一些调整，以适应自身的特殊情况。例如，某人个子很高且胫骨过长，那么此人在坐下的时候，膝关节的位置会高于髋部，使得腰椎被迫过屈。此时我们就需要帮助此人调整膝和髋的位置，使二者重新回到同一水平线上。办法之一就是在其屁股下面垫一个枕头。

　　不同的坐姿及其影响在瑜伽中会得到充分的体现。我们在某一时刻的坐姿往往代表着我们当时的情绪。比如，某人的坐姿充满防御性，双臂和双腿交叉，那么他／她的情绪一定相当紧张，这种紧张感仿佛触手可及。再如，某人的坐姿是开放、接纳、舒适且自在的，就仿佛身处夏日的烧烤派对，对世间纷扰全不在意，那么他／她的心情通常是轻松、愉快的。人的坐姿和情绪往往还会相互强化。如果你一直处在手脚交叉的体态、呼吸短而急促，却不肯打开肢体、平心静气，那么就无法从紧张状态中放松下来。

瑜伽训练能帮助我们认识不同的体态对身、心、灵产生的影响，并促使我们采取能够提高积极状态的体态。这其中的关键在于不断深入觉察自身感受与体态之间的关联。下一次你在工作中得到表扬的时候，不妨留意一下自己听到表扬后的坐姿，在那一刻，你的坐姿发生了怎样的变化？你多半会立刻坐直，变得更加机警，而非含胸驼背。或者当你被批评或责备的时候，留意你的坐姿是否稍微有些懒散，是否有点想要"顺着椅子滑落到桌子下面"。找到那些你在情绪很好的时候会自然采取的体态，这样即使没有人站在你面前表扬你，你也可以先进入这些体态，然后改善自己的情绪。同理，如果你总是一副懒洋洋的姿态，你的情绪相应地也会更加低落，即使此时你并未受到来自外界的批评。

SIT UP STRAIGHT
急 / 救 / 良 / 策

梨状肌拉伸

梨状肌是一块位于臀部的小肌肉。你可能对它闻所未闻，但它确实在你的日常活动中发挥着重要作用。健康的梨状肌能帮助你自由地活动髋关节，减轻腰椎承受的压力。但如果你每天长时间坐班，梨状肌就很容易紧张，从而导致髋部和腰椎段的不适。

以下是一套简单的梨状肌拉伸动作，你甚至无须从椅子上站起来就可以练习。

第一步：盘腿，将一侧的脚和脚踝横放在另一侧的膝盖上。

第二步：躯干挺直，双手分别放在上面这条腿的膝盖和脚上（如图 2-20a 所示）。

第三步：保持脊柱挺直，同时以胸部带动上身前倾，向上面的腿靠拢（如图 2-20b 所示）。

第四步：双手轻柔地向下施加压力，直至上面这条腿的后侧和髋部都有明显的拉伸感（如图 2-20c 所示）。

　　第五步：在整个过程中不要低头屈颈，保持脊柱挺直。

　　第六步：在动作达到最大限度后保持 30 秒。

　　第七步：两腿分别重复上述各步骤 3 次。

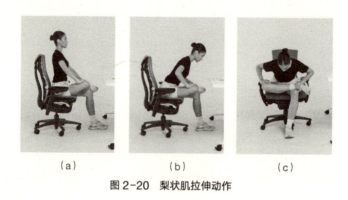

(a)　　　　　　(b)　　　　　　(c)

图 2-20　梨状肌拉伸动作

久坐不动，危害堪比吸烟

　　威胁人类健康的问题就像铁轨上的急转弯或丛林里的食肉猛兽，悄无声息地出现，并在短时间内席卷全世界。这不禁让我们联想到新冠疫情，不过大部分的问题并不会像新冠疫情那样来势汹汹。它们起初或许显得毫无伤害性，直到几年或几十年后才逐渐露出其狰狞面目。

　　含糖饮料最初问世时一度以"滋养身体""振奋精神"作为卖点，公众对此并未起疑。同理，在 20 世纪上半叶，吸烟一直被视为一种无害的消遣行为。许多人认为抽烟不仅很酷，而且有益健康。随着烟草消费量的上升，肺癌的发病率也开始升高，即使如此，专家们还是迟迟没有将二者联系起来，直到 20 世纪 50 年代发现确凿的研究证据，人们才意识到二者之间的联系。在那之后，又过了 10～20 年，人们才终于开始摒弃吸烟的习惯。

久坐与吸烟类似，乍看之下没什么危害，但在 21 世纪初却成了一个显著的公共卫生话题。根据发表在《柳叶刀》上的一项研究估算，久坐不动的生活习惯每年在全世界范围内造成约 675 亿美元的损失。[3] 请注意，这还只是新冠疫情之前的估算。自从疫情发生之后，健身房关了门，人们足不出户，社交活动和运动都显著减少，情况显然只会更糟。

行动指南　　　打破常规，一边散步，一边参加视频会议。
SIT UP
STRAIGHT
　　　　　　　你可能打算连续参加好几个视频会议，坐在沙发上几小时，连续解决一些问题。但长时间深陷沙发会导致你的身体缺乏活动，进而令你的大脑"生锈"。在参加下一次视频会议的时候，不妨起身一边散步一边开会吧，这不仅对你的身体有好处，而且能让你的大脑变得更敏锐、更有活力。如果所有参会人员能达成一致，一起改变视频会议的游戏规则，那就更棒了！

久坐不动的生活习惯里包含了大量的"坐"。我要强调的是，坐姿本身并不一定会导致问题。问题在于人们坐得太频繁、太持久，而且姿势过于糟糕。坐班工作对此有不可推卸的责任。根据美国疾病控制与预防中心（Centers for Disease Control and Prevention，CDC）的数据，25% 的美国人每天至少有 8 小时处于坐姿，[4] 这恰好是一个标准工作日的长度。许多人在工作时间里始终处于坐姿，难怪"坐班"这个词如此深入人心。

早年一项针对公共交通行业从业人员的研究表明，相比于大部分时间处于站姿的售票员和保安，整日保持坐姿的驾驶员罹患心脏病的风险整整高出了一倍。[5] 自此之后，公共卫生专家终于开始注意到久坐带来的危害。

那么，运动是否能缓解久坐导致的健康问题呢？也许吧。一项发表于2016年、涉及超过100万名被试的分析表明，为了消除每天久坐超过8小时导致的死亡风险，你需要每天进行至少60～75分钟的中等强度运动。[6]

人体不是为了久坐或久站不动而设计的，但在我们这个时代，成千上万的人前所未有地变懒了。这种趋势令人担忧，因为缺乏活动（尤其是久坐）与许多健康问题都高度相关，特别是心脏病和2型糖尿病这样的"杀手型富贵病"。全世界范围内总死亡人数的6%都是缺乏活动导致的，而在乳腺癌、结肠癌、2型糖尿病和心脏病导致的死亡中，有相当一部分最终也可归结于身体活动不足。[7]

行动指南
SIT UP STRAIGHT
你应该考虑每隔30分钟就起身活动3～5分钟。从事特定职业的人可能没有条件这样频繁地进行"休息"，但大多数人都具备这样做的条件。你只需站起来简单走几步就好，这样你的姿势肌就能得到放松。为什么一定是30分钟呢？因为休息过于频繁，你可能会因为"磨洋工"而显得格格不入；而休息太少，你的身体又会习惯于懒散的姿势，从而更不愿意起身走动。迄今为止的大部分研究都认为30分钟是一个合理的时间节点，建议你就按照这个节律起身休息。

随着现代社会的发展，无论是交通、工作还是休闲娱乐，身体活动在日常生活中所占的比例越来越低。电脑、智能手机和各种电子设备就是最典型的例子，它们共同将我们带进了所谓的"静坐时代"。人类在历史上搞出了无数发明创造，这些发明创造让我们移动的效率越来越高。原始人在走向目的地的途中可能会被猛兽吃掉，而现代人只要启动引擎、驾车前去。爬楼梯对很多人来说是个苦差事，但现在你只要站上扶梯或走进电梯就行了。这是一种逆向的生理进化：我们的大脑变得越来越强大、越来越聪明，但身体变得越来越孱弱、越来越懒散。

人们可以只靠一部手机就在现代社会生活下去，但是却完全与自己的身体、精神和灵魂隔绝。十几岁的青少年平均每天使用手机约 7.5 小时；我们无须统计学家提醒，就能看出自己的手机成瘾已经发展到何种地步。[8]下次你去医院或汽车修理厂的时候，可以四处观察一下。没有人会留意你在看着他们，更不会有人觉得被你冒犯，因为他们都蜷缩在座椅上，盯着自己面前的屏幕或用手指在上面按个不停。我甚至在某次线下集会中也目睹了类似的状况，而集会主题恰恰是"与在场的其他人面对面交流"！这就难怪有那么多人受到颈部和背部疼痛的困扰了。

没有迹象表明"电子驼背"的趋势会自动消退。恰恰相反，在可预见的未来，人类的身体将可能被越发精巧、令人成瘾的电子设备征服，沦为后者的载体和奴隶。有些人担心机器人会在未来主宰世界，其实在某种程度上那不就是我们正在经历的现实吗？我们也许早已置身其中，只是尚未自知而已。

当我们谈论电子设备和糟糕的体态时，总会先想到电脑或智能手机，但其实 iPad 这样的平板电脑也很成问题。平板电脑相对轻巧便携，因此使用场景也五花八门，例如躺在床上或倚在沙发上，此时使用者的体态何止是含胸驼背，简直是七扭八歪，好似一块德式碱水面包①，这样的体态简直糟糕至极。唯一的一点"好处"是它实在太别扭、太让人难受了，以至于采用者很快就会有所感觉，然后主动改变姿势。作为对比，我们坐在桌边时常常对糟糕的坐姿缺乏觉察，于是一坐就是很久。

---

① 德式碱水面包（pretzel）：通常以一根长条状面团反复扭曲制成，呈蝴蝶结的造型，因此也被称作扭结饼或椒盐卷饼。——译者注

做一个"沙发土豆"比做一个"坐班打工人"对健康造成的危害更大。在许多西方国家，睡前或工作之余看电视是一种常见的娱乐手段。看电视与许多其他不健康的生活方式经常密切相关，如边看边吃零食、睡相糟糕，以及受到广告吸引购买垃圾食品。人们就这样坐啊坐啊坐，在工作的时候坐着，在车里坐着，在家里坐着，日复一日，年复一年。

当古老的基因遭遇现代的生活方式

"坐"这么小的一件事，缘何会给这么多人造成这么大的伤害呢？答案要追溯到 250 万至 300 万年前，即现代人类开始出现的时间。从那时起直至农业在 1 万年前开始萌芽，人类一直都是以机会主义的方式生存的，无论是采集还是狩猎，能找到什么就吃什么。这一时期的人类毫无"久坐"的必要或可能。在狩猎－采集的生存模式下，人们在一个地方可能只待一两周，耗尽周围的食物资源后就会离开。他们在一年中可能会以 10～30 种植物及 10～15 种动物 / 鱼类作为食物。如果一种食物变得稀缺或不当季，人们就会转以其他食物为生。

这种生存方式令人类的身体极具适应性，善于储备能量。当原始人吃到食物的时候，他们的身体会努力将食物中的营养都榨出来、吸收掉，因为谁也不知道下一餐有没有着落，什么时候才会出现。身体储备的能量越多，就能在荒野中挨得越久。

然后，让我们把时间快进到今天。少数人类群体时至今日仍然维系着狩猎－采集的生存模式，如南非的布须曼人和坦桑尼亚的哈扎人。但大多数人已经不再按那样的方式生存了。尽管全世界范围内还有许多人遭受食物短缺的困扰，但对于生活在现代社会的人来说，获取食物已经变得易如反掌。仅在美国就有超过 4 万家超市或杂货店，以及约 25 万家快餐店。如果嫌

"得来速"①的方式过于烦琐，你也可以叫个外卖、送餐上门。叫外卖在新冠疫情之前还是一种奢侈的行为，现在已经成了许多人日常生活不可或缺的一部分。

问题不仅在于获取食物易如反掌，还在于食物本身的成分发生了变化。我们不妨举一个例子：每个美国人每年平均会消费152磅糖（1磅=454克），外加146磅面粉，而后者可以直接在体内转化为糖。糖和面粉价格低廉，而且在过量食用的情况下很容易被转化为体脂肪，就拿我来说，152磅糖显然是过量的。你摄入的糖会升高血糖水平，并促进胰岛素分泌，而胰岛素又会引起新的饥饿感。人们如果习惯吃这样的食物，就很容易在体内积累大量脂肪。

两相比较，食物供应、获取和消费的变化速度快如闪电，而人类基因的进化速度慢如蜗牛。我们的基因认为我们仍然处在吃了上顿没下顿的年代，因此其设计仍然是"储备热量，应对饥荒"。但现实则是我们不想要的"空热量"滚滚而来。当我们坐着不动的时候，我们的身体消耗的热量会进一步减少，于是"坐"变成了健康问题的放大器。

比"久坐"更伤人的是"以糟糕的姿势久坐"。典型的现代人在度过典型的一天时，会习惯性地让自己处于一种糟糕的体态，有时甚至一连几小时如此。人们不再习惯走路或跑步，而是将自己的身体勉强塞进汽车、火车或飞机的座椅里面。以我的一位朋友为例，他第一次去夏威夷旅行，飞机降落在檀香山国际机场，他和他新认识的女朋友走出到达口，此时他的后背开始感到轻微的僵硬，这似乎没什么大碍。但是等到他走进酒店房间时，疼痛沿着他的右侧臀大肌一路向下蔓延到右脚。疼痛和僵硬在接下来的24小时内

---

① "得来速"（drive-through）：一般指"麦当劳得来速"，是麦当劳于1975年推出的一种全新的经营模式，即通过三个窗口让消费者在汽车上完成全部购物过程：消费者驾车在第一个窗口点餐，在第二个窗口付钱，在第三个窗口取东西，然后开车离去。

继续加重，他的腿疼得撕心裂肺，几乎拎不动行李箱。他以非常狼狈的状态挣扎着回到机场，搭乘夜间航班回家。途中每一次的气流颠簸几乎都让他疼到昏过去。他说那是他一生中感觉最糟的 6 小时。

回到家的第二天，这位朋友拜访了一名整骨师，整骨师为他做了脊柱回位，并给他开了一些止疼药。他的疼痛转为麻木感，右脚在走路时几乎无法蹬地发力。于是他征询了另一名脊柱外科医师的意见。疼痛虽然令人不快，但在我们这样的医学专业人士看来，麻木和肢体无力才是更值得警惕的症状表现，因为它们可能预示着永久性的损伤。于是那位脊柱外科医师很快就为这位朋友安排了神经外科医师的会诊。

神经外科医师经过会诊，认定我这位朋友的问题是医学急症。"你的骶神经受到了严重损伤，"医生仔细看了他的磁共振扫描结果，对他"宣判"道，"我们明天就得做手术。我会以'可能危及生命或导致肢体功能丧失'向你的保险公司申请赔付。"我这位朋友已经完全蒙了：明天就手术？肢体功能丧失？医生的意思并不是截肢而是截瘫，但他还是大脑一片空白。他的腰 5-骶 1 椎间盘破裂，里面的胶状物质全都喷了出来，而且 80% 的喷出物质都粘在腰骶神经根的位置上，也即穿出骨盆、直下右腿的大神经。这是一种非常棘手的状况。

我这位朋友拖着右腿走出医生的诊室，脑子里仍然嗡嗡作响。他的震惊一部分源于他受伤之前主观体验到的"强健"。他连续高强度健身了 4 个月，取得了相当大的进步，然而这种幻象在飞往檀香山的航班上被彻底击碎了。他的腰椎间盘发生了破裂，这种情况虽然很常见，但有一部分原因是飞机座椅的人体工学设计过于糟糕，以及两排座椅之间的间距过于狭窄。他并没有找我做过诊疗，但我倾向于认为主要的致病原因是他 40 余年的伏案工作，以及以错误的动作持续进行高强度的负重训练。这些不良习惯造成的小损害日积月累，终于从量变发展到质变，于是他的身体就"罢工"了。

手术进行得非常成功。他的右腿恢复了绝大部分的神经感觉，不过运动功能只恢复了一部分。医生在术后一个月内只允许他举起不超过一只马克杯的重物。坐下、站立、弯腰和在床上翻身对他来说都变成了耍杂技。由于运动功能的丧失，他甚至体验到了一些幽闭恐惧症和惊恐的感觉。我们都以为"活动自己的身体"是稀松平常的事，直到有朝一日失去了才追悔莫及。

我这位朋友觉得他的遭遇是一场飞来横祸。但当我问及此事的时候，我从他的回答中听出了一些蛛丝马迹。他受阵发性下背部疼痛的困扰已经长达数年，但他对此视而不见，希望问题自行消失。他在受伤前的几周里一直在健身，这当然不错，每个人都应该保持规律的运动习惯。但他的健身教练不仅带他练习硬拉和深蹲，还给他安排了跳箱和深蹲跳这样高强度的动作。如果他还年轻，正在一支高中橄榄球队里效力，这样的训练当然非常合适。但他已经 50 出头，大腹便便，下背部的阵痛还不断向大脑发出"危险"的信号……我要是早点知道这一切就好了。唉！

行动指南
SIT UP
STRAIGHT

如果你比较高大，那么在乘坐航班的时候最好选择靠走道的座位。选择位于紧急出口旁边或座舱区段第一排的座位更好。一连几小时卡在一个狭窄的座位上，你的脊柱势必会承受额外的压力。坐在靠走道的座位上，你可以方便地每隔一段时间站起来活动一下。坐在紧急出口旁边，你可以舒服地伸展双腿。空乘人员有时会大发善心，主动帮助大个子旅客调换座位，因此即使订不到这样的座位，也无须过于担心。

第 3 章

不良体态和久坐导致的
16 种恶果

SIT UP
STRAIGHT

超重如今已成为全人类的一大困扰。公认导致超重的头号元凶是吃得太多、动得太少。这两种生活习惯虽然要命，但如果大家在日常生活中能增加身体活动量，缺乏"专门的体育运动"也没什么大不了的。不幸的是，我们已经耽于久坐，变得不爱走也不爱动了。无怪乎有那么多骨骼和肌肉出现问题的患者登门拜访我。

久坐不动和不良体态会引发许多慢性疼痛和"现代病"。久坐会导致许多慢性疾病的发病率显著升高，包括但不限于心脏病、2型糖尿病、脑卒中、退行性椎间盘疾病、关节炎、坐骨神经痛及骨质疏松。此外还有一些其他疾病和问题与长期久坐存在着特定的关联。

在长期的治疗实践中，我总结了以下16种由不良体态和久坐导致的恶果。接下来我会逐一描述这些"不定时炸弹"，以便各位形成一个大致的印象。

恶果 1：体重增加

相比于维持正常身体活动的人，久坐不动者的热量消耗更低，因此他们更容易体重增加，或说发胖。体重增加是许多疾病的诱因，尤其是 2 型糖尿病、心脏病和癌症。

体重增加还会让我们更难维持正确的体态。腹部脂肪大量堆积会改变我们的身体重心，破坏我们正常的身体排列。[1] 一些研究者指出，超重会降低足底对地面的敏感程度，进而破坏我们维持体态平衡的能力。超重还会导致我们的骨骼和结缔组织承受超过其"设计载荷"的压力，使其不堪重负。

恶果 2：肌肉流失，力量衰退

在自然状态下，人体的骨骼肌从 30～35 岁开始逐年流失。这种现象在医学上被称为"肌肉减少症"或"肌少症"。随着年龄的增长，肌肉的流失速度还会逐渐提高。[2] 骨骼肌的减少会导致力量衰退和运动表现变差。

如果你是一名坐班者，每天大部分时间都弯腰驼背，对着显示器屏幕，你的肌肉就会因"用进废退"而开始萎缩。为了对抗这种由自然法则引起的肌肉流失，你必须增加自己的身体活动。举重或其他形式的抗阻训练都是行之有效的手段。肌肉是人体内代谢速率最高的一类组织，因此肌肉充足的人即使在静息状态下也会消耗更多的能量。我在前面的章节里提到过，整天站着不动并不会显著提高身体燃烧脂肪的效率，但随身"携带"大量肌肉就能做到这一点，也就是说，你的骨骼肌其实是你的盟军，它能赋予你更强的力量，帮助你对抗不良体态，还能令你免于变胖。如果你不做增肌训练，就得不到这支宝贵的生力军。

恶果 3：骨骼变弱、变脆

骨骼肌驱动着身体活动，身体活动反过来又刺激骨骼肌变强。骨骼本身也需要足够的训练和活动，才能维持其强度。身体活动的减少会激活骨组织内的破骨细胞，加速骨质的分解和流失。身体活动的增加则有助于抑制骨质流失，保持骨量和骨骼强度。[3]由此也就不难理解，运动员通常比普通人拥有更高的骨骼矿物质密度，以及更高的骨骼强度。

骨骼和肌肉一样都遵循"用进废退"的法则，同样也会随着年龄增长而衰退。对于成年人来说，维持骨骼强健已是逆水行舟，若再任由身体懒惰不动，骨质流失的进程就会如"转圆石于千仞之山"，一发而不可收。最终结果则是中老年人的常见病——髋部骨折或脊柱压缩性骨折[①]。

恶果 4：肌力失衡

弯腰驼背和长期久坐都会导致姿势肌的力量变弱。[4]这样一来，本来由这些肌肉承担的身体重量就得改由关节直接承担，为长期慢性损伤留下隐患（见图 3-1）。这就是为什么我们必须保持正常的坐姿和站姿，并注重强化自己的姿势肌。这样一来，我们的关节就可以避免承受过高的负荷，我们也就能够维持良好的活动功能，并免受疼痛的困扰。

在糟糕的体态之下，人体的某些肌肉会在神经层面上受到抑制。此时其他一些肌肉就会被迫进行代偿，引发新的肌力失衡。长期处于被动拉长或压缩的肌肉无法正常发力，也无法维持正常的肌耐力水平。以错误的姿势久坐，会导致某些肌肉和关节长期处于活动范围受限的状态。如何理解活动

---

① 脊柱压缩性骨折（pinal compression fracture）：意味着脊椎骨因无法抵抗外在压力而塌陷。对骨质疏松患者来说，抬东西或起床这样的轻微负重都有可能导致压缩性骨折，患者有时甚至找不到骨折的原因。——译者注

范围这个概念呢？我们来举个例子。让你的右臂自然下垂，然后屈曲肘关节，做一个二头弯举的动作，即让前臂朝向肩膀运动。如果关节活动范围正常，你的拳头应该能运动到距离肩膀仅 5 ～ 10 厘米的位置。如果拳头停在距离肩膀较远的位置，就说明你的肘关节活动度受限，即不能完整地发挥其功能。

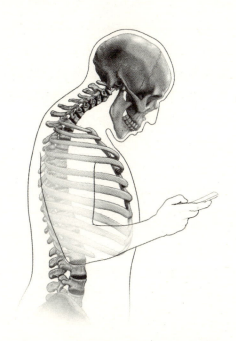

图 3-1　低头使用手机会导致头部前引和驼背

关节活动度受限会使我们形成糟糕的动作模式，而糟糕的动作模式会令身体日趋僵硬，天长日久还会损伤关节。如果你平日习惯以驼背的姿势坐着，胸椎段就会保持微屈的状态。久而久之，你的身体就会习惯于这种微屈的状态。你可能不会立即感到不适，直到某一天，你开车的时候向一侧转头，忽然就拉伤了脖子……直到这时候，你才开始满腹狐疑：见鬼了！这到底是怎么回事啊？

恶果 5：肌肉痉挛

我在执业中最常见的主诉是下背部疼痛。许多下背部疼痛患者都伴有肌肉痉挛。肌肉痉挛就是肌肉突然不随意出现的强直性收缩，通常由过度使用、疲劳、电解质流失等因素所致。关节受到过大的压力（如发生脱臼或骨折），也会导致肌肉痉挛。痉挛本质上是身体的一种自我保护机制。

当你长期处于某种特定体态时，你的身体就会习惯于这个受限的活动范围。然后，当你的动作突然超出这一活动范围时，你的肌肉就可能保护性地出现痉挛。或者，你可能很长时间没有用到某块肌肉，导致该肌肉处于"训练不足"的状态。然后，当你突然要使用该肌肉时，也很有可能引发肌肉痉挛。这都是你的身体在自我保护，以免你对这块肌肉造成更严重的损伤。

为了防止肌肉痉挛，你应该循序渐进地进行力量训练，注意补充水分和电解质，并且避免突然超出安全活动范围的动作。

行动指南
SIT UP
STRAIGHT

多做自由负重训练，少做固定器械训练。

在自由负重训练中，你的姿势肌始终需要维持等长收缩，以协助主动肌发力。固定式训练器械本身会帮助你维持稳定，同时也会让你的姿势肌得不到锻炼。如果你总是用固定式器械做力量训练，你的主动肌会变得很大、很强，但是姿势肌却会变得相对较弱，这样就会加剧痉挛、拉伤和其他运动损伤的风险。

恶果 6：关节不堪重负

当我们的姿势肌力量不足时，关节就要被迫承担起支撑体重的任务，长此以往很容易导致关节损伤。

人体的每个关节都有一个最佳工作位置，关节在这个位置上可以最大化其工作效率。以短跑运动员尤塞恩·博尔特（Usain Bolt）为例，在跑道上全力冲刺时，他的所有动作都是高度协调一致的，以至于在旁观者看来他不费吹灰之力就能打破世界纪录。这种看上去的毫不费力源自他的发力模式：他的运动完全由肌肉驱动，而不是靠关节带动，中间没有任何多余动作，也不存在关节内部的碰撞摩擦。这恰恰是大自然在设计人体时规划好的运动方式，欣赏这样的运动简直是一种享受。

我们虽然永远跑不了博尔特那么快，但我们和他一样，也应该用自身的肌肉而非关节承受运动负荷。肌肉越是堪当大用，就越不需要倚赖关节。这样我们的运动表现会更好，而疼痛会更少。若想让身体更多地倚仗肌肉，并让关节得到更好的保护，最基本、最简单的做法就是保持正确的体态。

恶果 7：脊柱病变

我们的脊柱即使天生构造正常，也会随着时间的推移逐渐老化、受损。当我们以糟糕的体态久坐时，椎间盘就会持续承受压力。当正常的脊柱生理曲度开始发生改变，尤其是脊柱的"S"形消失、变直时，某些部位就会承受超出其设计上限的负荷。然后，我们的脊柱功能就开始走下坡路了。

如果脊柱未能遵循正确的排列，椎间盘就会被压缩并出现退化（见图3-2）。椎间盘就像填充了胶状组织的、扁平的缓冲垫，在结构受损时会向侧面突出。被挤出去的胶状组织会压迫到沿脊柱行走的神经，导致疼痛（如坐骨神经痛），甚至失能。受损的椎间盘最终将会破裂，将其中的物质挤入椎管。还记得上一章我提到的那位朋友吗？他在飞往夏威夷的航班上就遭遇了这种情况。这就像一个人一屁股坐在一只奶油甜甜圈上，将里面的奶油挤了出来，弄得到处都是。只不过我们体内的"奶油"是没法用一张纸巾擦干净的。进入椎管的椎间盘组织会损伤精细的脊神经，清理它们需要一场大手术，即使手术完美成功，术中出血和术后的瘢痕组织也不免在椎管里留下许多残存的"异物"。

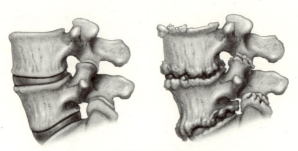

图3-2　完好的与受损的脊柱关节

脊柱受伤的后果极其可怕，严重的脊柱损伤（如车祸或从高处摔落）会导致神经受损，使受伤部位以下的身体节段瘫痪。瘫痪的严重程度取决于脊髓受损的位置。发生于颈椎段的损伤会导致高位截瘫，波及肩部以下的整个身体。发生于胸椎段的损伤则会导致双下肢截瘫，影响双腿和下半部躯干。

恶果8：神经受到压迫

肌力失衡、关节损伤和脊柱生理曲度消失最终会导致神经受到压迫。如果你经历过这样的神经压迫，你自然会明白我的意思。如果你还没经历过，等到那一刻你就知道是什么滋味了。神经受到压迫不仅会引发疼痛，还会导致刺痛、麻木，甚至肌肉功能丧失，那种感觉相当吓人。颈部或肩部的神经受到压迫会导致放射到手臂的麻木感，那种感觉与椎间盘突出非常类似。

我在刚开始工作时就已经见识过神经压迫的症状。那时候大众还不知道什么叫无线耳机，前台工作人员和秘书每天要花大量的时间一边听电话一边敲键盘，他们总是把电话听筒夹在一侧肩膀和耳朵之间，久而久之，他们中有许多人都出现了放射状的手臂麻木和疼痛。

下背部拉伸

在电脑前久坐之后，你的下背部是否会感到疼痛或僵硬呢？不要慌，这可能是髂腰肌过紧惹的祸。髂腰肌是位于髋关节前部的一组肌肉，其作用是使躯干在腰部位置上屈曲，以及协助提膝。久坐很容易导致髂腰肌紧张。你可以用下面这个简单的拉伸动作打开身体的前侧，并降低下背部和髋部承受的压力：

第一步：从单膝跪地的姿势起始，后腿膝关节着地，前腿呈90°屈曲（如图3-3a所示）。

第二步：髋关节向前平移，直至后侧的大腿有轻微拉伸感。

第三步：将双手上举过头顶，打开身体前侧，并拉伸髂腰肌（如图3-3b所示）。

第四步：保持此姿势数秒后还原。重复此动作5或6次。之后换另一条腿。每次重复此动作时，可以稍微令拉伸感增强一点。

(a)　　　　　　　　　　　(b)

图3-3　打开身体前侧的拉伸动作

恶果 9：头部前倾

我见过许多颈部疼痛的患者，其中许多人的问题都与头部前倾（颈部前伸）的体态有关。人的颈部非常灵活，所以才能时常做出前屈、侧屈或旋转的动作。就像身体的其他部位一样，颈椎随着时间推移也会逐渐磨损、退化。当颈部姿势错误或排列出现问题时，情况就会更加严重。在矫正颈部排列时，我们不能只关注颈部本身，还要关注与之密切关联的上肢带骨[①]和脊柱胸椎段。

我们在使用手机、电脑和其他电子设备时很容易向前探头、伸脖子，视线朝向自己的前下方，导致颈部和胸椎段的屈曲，最终促使头部前倾（即前面提到的"科技颈"）体态的形成。在这种体态下，我们的头部前倾，向前偏出上肢带骨的几何中心，身体重心也向前偏移，继而引起圆肩（见图3-4）。此时我们的头部重量不再由肌肉承担，而改由颈部的韧带组织承担。头部的重量占人体的1/7。一旦头部前倾过多，颈部肌肉就会被动拉长、失去力量。无怪乎很多人的后颈、上背和肩胛之间都出现了紧张感，而且频繁受到头痛的困扰。更糟糕的是，头部前倾还会逐渐导致脊柱上半部分（包括颈椎）的生理曲度消失。

你在电脑或其他电子设备前坐得越久，出现颈部疼痛或其他更严重问题的可能性就越大。每天在办公桌前坐 5 小时似乎是一个临界点，一旦超过这个临界点，久坐引发颈部疼痛的危险就会急剧上升。电子设备的屏幕在这里是万恶之源。伊朗有一项研究表明，长时间盯着屏幕会导致错误的体态和颈部疼痛；然而，当被试者注视的对象不是屏幕而是墙上的一个点时，上述问题就不复存在了。[5]

[①] 上肢带骨（shoulder girdle）：包括锁骨和肩胛骨，是负责连接手臂与躯干的骨性结构。——译者注

驼背低头盯着电脑并非导致头部前倾的唯一诱因，其他一些乍看之下无甚害处的习惯也会诱发该问题。例如，睡觉时枕头垫得太高。另外，上背部力量薄弱也是一个危险因素。

头部前倾也并非只发生在坐班者的身上，牙医等需要弯腰低头的职业人群也是高危群体。一项针对伊朗牙医的研究表明，28% ~ 61% 的牙医都受到颈部疼痛的困扰。[6] 千万不要小看颈部疼痛，它最终可能会演变成慢性疾病，甚至让你什么工作都做不了。

（a）弯腰驼背且不平衡的坐姿　　　　（b）因低头使用手机导致的圆肩体态

图 3-4　"科技颈"体态

恶果 10：活动代偿

你可以在家里做个小实验。打开柜子或碗橱的最高一层，伸手去拿放在最高处的某个物件。然后一手拿着手机，低头看着手机屏幕，另一手再去拿取高处的物件。在后一种情况下，你还能像一开始摸到同样高的物件吗？要做到同样的事是否变得更难了呢？在低头看手机的时候，你的体态发生了变化：颈部屈曲，胸椎段向后凸起，而且出现圆肩。基于生物力学的影响，在这种状态下，你举手过头顶，拿取高处物件的能力就会受限。这个实验与体态有什么关系呢？它向我们展示了肩部的活动规律。在糟糕体态的影响下，你的身体产生了某种活动代偿。接下来让我们仔细地分析一下。

肩部损伤和疼痛总是让人首先联想到运动损伤或职业病。比如说，健身爱好者在练习肩上推举时使用了过大的重量，或者快递员在搬运沉重的包裹时使用了过于勉强的动作。但其实我们做任何事情都会对肩关节造成负担。例如，一位母亲一只手抱着孩子，伸出另一只手去拿东西。我在治疗上肢带骨损伤之前，总是会从体态开始，对患者做一个整体、全身的评估。

就像脊柱一样，我们的肩部必须既足够灵活，又足够稳定。它必须有能力在三个平面内同时运动，同时又要有能力稳定地支撑沉重的负荷。正因为如此，肩部损伤的治疗和复健格外不易。我们的盂肱关节是一个球窝关节，其关节囊内和周边围绕着大量骨骼、肌肉和韧带结构。这些骨骼、关节和软组织中的任何一部分都可能出现损伤，包括软组织损伤、骨骼病变、关节受损或不稳。当然，最常见的情况还是由代偿引起的超负荷，即一块肌肉为了弥补其他肌肉的功能缺失，承担了超出其设计限度的压力。①

搬运重物时出现意外很容易导致肩部的急性损伤，这种事时刻都在发生。不良体态和活动代偿则会缓慢地引发肩部疼痛和功能异常。这种慢性的退化和代偿最终会引发急性损伤。例如，驼背体态会增加肩部肌腱发生撕裂的概率。[7]

胸廓的不良排列是另一个导致肩部疼痛的诱因，但经常被我们忽视。

---

① 从肌肉–骨骼结构上来看，肩胛–胸壁关节实际上是由三个关节组成的，即肩锁关节、胸锁关节和盂肱关节。也即我们每侧的大臂肱骨连接在一片肩胛骨上，肩胛骨又通过锁骨挂在胸骨上。附着于肩胛骨的肌肉共有 17 块之多。——译者注

胸廓处于错误的位置会导致肩胛骨的位置改变，并导致盂肱关节和肩峰之间的空隙变小，这会引起肩部撞击综合征或其他一些问题。和骨盆一样，胸廓整体也是可以前倾或后倾的。控制胸廓前倾与后倾的正是我们的脊柱胸椎段，因此不难理解，胸廓排列异常的人通常也伴有胸椎段的僵硬或紧张。

恶果 11：习惯性犯懒和精力减退

如前所述，在办公桌前坐得太久，会导致大腿上方的髂腰肌群过紧。在这种情况下，当你站起来想要走两步的时候，你的步幅就会受限。为了能够正常地迈步走路，你不得不大幅度地左右扭动躯干，这也是一种活动代偿。

活动身体是一种自我强化的习惯。如果你整天都保持活跃，想做更多的身体活动也会变得容易；反之，如果你整日枯坐，偶尔想活动时就必须克服更大的阻力。这样一来，你的精力也会大打折扣。

行动指南   制订并执行一个每日步行计划。
SIT UP
STRAIGHT   我每天早晨、中午和晚上会各进行一次 15 分钟的散步。你可以在工作日一边散步一边参加视频会议。这些散步活动不仅有助于清理思绪、激发创造力，而且能活动关节、消耗热量，同时还有助于维持髂腰肌的活动度。除了提醒自己定时喝水，你还应该提醒自己定时活动身体。这个习惯会极大地改善你的状态！

久坐和不良体态都会损耗你的精力。不妨想象一下：如果你整天都必须戴着镣铐生活，那么势必会额外耗费许多精力，因为你每做一件事都更加费劲。同理，如果你的体态很糟糕，身体就必须格外努力才能克服阻碍、正常做事。你无论做什么都好像戴着一副无形的镣铐，所有的日常活动都比别人消耗更大，于是在一天结束的时候，你也就更容易感到筋疲力尽。

恶果 12：心情变糟，自尊水平下降

弯腰驼背既影响身体健康，又影响心理健康。刊载于《纽约时报》的一项研究证实，在临床上罹患抑郁症的人更容易保持含胸驼背的姿势。[8] 身体佝偻不仅是糟糕情绪的外显表现，而且会让已经处于抑郁情绪的个体更难得到缓解。荷兰阿姆斯特丹大学的科学家在研究中也发现，相比于坐得笔直的被试，处于不良坐姿的被试更难从糟糕的心境中恢复过来。[9]

良好的体态能让他人感受到自信、权威和其他的一些积极特质。反过来，弯腰驼背的体态则向外界传递出缺乏自信、悲伤或恐惧。这是一个正反馈循环：人们对体态良好的人更容易做出积极回应，对体态不良的人更容易做出消极回应；这些回应反过来又会强化个体的体态。不难想象，不良体态与低自尊之间存在着很高的关联。

我在 Myodetox 的临床实践教会了我一件事：一个人的过往经验会潜移默化地影响他/她的体态。一些在童年时期经历过创伤事件（如虐待或意外导致的身体伤害）的患者，即便过了许多年，仍然保持着一种含胸驼背、自我保护的体态，这是他们防御机制的组成部分。

受到慢性疼痛困扰的人，几乎总是在身心两方面都存在冲突。面对这样的患者，我总是先聚焦于他们的体态，处理生物力学方面的问题，再去观察他们的心智和情绪。我的专长是物理治疗，这意味着我更擅长处理生理方面的问题，但另一方面，我能意识到许多心理因素也会对患者产生重要的影响，如抑郁、焦虑、童年创伤、人际关系问题和其他一些形式的压力。80%的美国人宣称自己在日常生活中体验到压力。[10] 这个比例在新冠疫情之后肯

定还会继续升高。

我在多伦多接待过一位主诉颈部疼痛的患者。"这种疼痛简直要了我的命！"她对我说。

在第一次治疗结束前，我告诉她："您的颈部很僵硬，不过幸运的是您似乎没有生理结构方面的损伤。"我们又做了两三次治疗，没有发现什么新的问题，她的颈部似乎一切正常。但是，在第四次治疗进行到一半的时候，她突然毫无征兆地大喊道："我丈夫对我不忠！"然后就开始抽泣。

我的人际沟通技巧还不错。虽然我既非心理治疗师，又非人际关系咨询师，但我尽了最大的可能为她提供安慰。在那个当下，我所能做的不过是"表现出成年人的同理心"。我意识到她的颈部僵硬或许来自咬紧牙关导致的压力，这种压力又与她的境遇有关——她真正需要的，或许是一个可以说说话的人，一个非亲非故、处于她生活圈子之外的人。在第四次治疗结束的时候，她的颈部疼痛消失了，但并不是因为我提供了什么治疗，我只是提供了倾听服务。

恶果 13：睡眠质量下降

本章谈到的所有问题，包括各种急慢性疼痛或神经压迫，都足以让你整宿不得安眠。身体如果无法放松，你又如何能真正获得休息呢？

一项发表于《国际行为医学杂志》(*International Journal of Behavioral Medicine*)的荟萃分析表明，久坐行为增加了罹患失眠症的风险。[11] 睡眠质量下降会导致免疫系统受损，并使其他一些严重慢性疾病的发病风险上升，包括心脏病、高血压和 2 型糖尿病。每晚少睡 2 小时就足以令肥胖的风险翻倍。睡眠变差还会改变饥饿素和瘦素的作用机制，而这两种激素是调节进食的化学递质，也就是说，睡眠不好的人更容易感到饥饿、更难感到饱足。

睡眠质量不佳还会直接影响你生活的方方面面，包括工作效率和性生活质量。自然医学博士詹姆斯·尹（James Yoon）告诉我们："经历了一整晚的辗转反侧之后，你会在接下来的一整天都易激惹、脾气暴躁，而且对压力易感。"人人都渴望一觉睡醒后精力充沛，仿佛马上要去征服整个世界。但如果你在吃早餐的时候哈欠连天，连灌三杯咖啡才能缓过神来，那你接下来这一天的状态一定好不到哪儿去。糟糕的睡眠会导致状态失常，而低下的睡眠质量可能正源自不良体态，或者由于体态不良而进一步恶化。

恶果 14：做事缺乏动力

英语中的"enter the zone"在汉语中或许可以翻译为"开了挂"。这个词用来指代一种状态，即在某种竞赛或任务中身心合一、高度专注，从而行云流水。运动员进入这种状态时会主观感知到时间流逝变慢，其他人的动作仿佛变成了慢镜头。又或者，篮筐、球门之类的目标仿佛放大了一倍，以至于只要投篮或射门，就绝对有把握命中。一些运动员总是能在比赛的关键时刻进入这种状态，我们称其为"大心脏球员"或"关键先生"；另一些运动员则在这种时刻屡屡因压力而垮掉，被我们贴上"软脚虾"的标签。

我们在日常工作中也可以（且值得）进入这种"开挂"状态。在"开挂"的状态下，我们仿佛忘记了每分每秒的流逝，各种金点子层出不穷，工作的动力十足，虽然我们自己也说不清为什么。无论从事什么样的工作内容，我们的工作效益都会非常惊人，会被他人视作出类拔萃，而且能收获巨大的回报。

"开挂"的人是绝不会以含胸驼背的姿势对着电脑屏幕的，他们总是坐得笔直，保持警觉，全情投入。也正因为保持着良好的坐姿，他们才不会沾上我在前面提到的许多健康问题。一个深受疼痛困扰的人是绝无可能在工作中"开挂"的。疼痛越是严重，就越有可能令人分神。忍着剧烈的疼痛，同时还要专心于某项任务，每一个过来人都知道这有多难。遭受慢性疼痛困扰的人会产生一种所谓的"注意力偏差"，即在无觉察的情况下关注周围环境中可能加剧疼痛的事物（威胁），以及可能减轻疼痛的事物（慰藉）。这意味着他们的注意力被疼痛分散了，因此也就难以集中精神处理任何工作，哪怕是最简单、常规的工作。

恶果 15：平衡性变差

很大一部分来到 Myodetox 的患者都是老人。摔倒是导致老人外伤的首要原因。[12] 年轻人可能不会轻易摔倒，即使摔倒也不会受到很大的伤害。但老人的骨骼较为脆弱，于是同样的摔倒就会造成更加严重的后果。在摔倒受伤之后，老人还可能难以起身，甚至难以自行呼救。

有一些老人格外容易摔倒。这些老人通常已经丧失了向侧面移动和维持平衡的能力。[13] 也即他们在冠状面上的活动能力受限。人体的运动发生在多个平面上。如果老人在冠状面上的活动能力受限，那么在被绊倒或脚下打滑时就无法及时转移身体重心，于是便更容易摔倒。脊柱的生理曲度在上述过程中发挥着至关重要的作用。一项针对 65 岁以上老人的研究表明，脊柱的生理曲度异常越严重，老人就越容易摔倒。如前所述，脊柱生理曲度异常一般是长期体态不良导致的结果。因此，为了降低晚年骨折的风险，你应该从现在开始就注意调整体态。

恶果 16：呼吸变浅

含胸驼背或瘫软的坐姿会压缩肺部并限制膈肌运动。[14] 膈肌位于胸腔底部，是一片大而平展、状如穹顶的肌肉，驱动着人的呼吸。如果你处于含胸驼背的体态，你的呼吸就会变浅，效率也会降低。人的心脏和大脑都需要持续的氧气供应才能正常工作，浅而急促的呼吸会在不知不觉中降低二者的工作效率，"开挂"就更甭想了。以"C"形姿势蜷缩在电脑前，对呼吸的影响会更严重。

在坐直或站直的体态下，你的肺和膈肌会有更充足的动作空间，从而以应有的效率进行呼吸。只有当你的呼吸足够深沉、悠长时，你的整个身体才能得到充分的支持和滋养。

结论：你需要换种活法

对成千上万的人来说，不良体态和懒惰的生活方式是一个正反馈的恶性循环。在这个循环中，人们逐渐变得更加懒惰、情绪更糟糕、更容易生病，然后进一步含胸驼背，情绪变得更糟……当然，我们也可以打破这种循环，选择一个更加光明的未来，为此我们需要更好地进行自我照料。

Myodetox 有一位名叫大卫的投资人，他的经历就是极好的例子。大卫的境遇并不是格外糟糕。他从中年开始受到长期健康问题和失能的折磨，这些问题要追溯到十几岁时的一场车祸。他的两侧踝骨在车祸中都骨折了，其中右踝伤得尤其严重，必须接受踝关节融合术的治疗。术后他的踝关节虽然恢复正常，但走路却一瘸一拐。大卫的身体自然地对此做出了代偿，导致他的膝部和下背部疼痛。作为一名成功的商人，大卫在成年之后，一直以拖着一条腿走路为憾。

我在为 Myodetox 寻找投资人时结识了大卫。我们的第一次会面是在温哥华，然后我每天为他做治疗，就这么持续了一周。虽然我不能把他的踝关节恢复到融合术之前的状态，但我发现他大足趾的紧张是导致一切症状恶化的根源。于是我的治疗便聚焦于此。大卫的妻子在治疗期间一直在场，经过几天的治疗后，她说："哇，大卫，你现在走路的姿势好多了！"可想而知，随着活动度的提升，大卫的精神也为之一振。

大卫只后悔一件事，那就是没有早一点关注自身的健康。这种对健康的忽视有一部分源自文化的影响。在他年轻时，认为一个人的"财富"只取决于银行账户上的数字。于是他拼了命地工作，直到最后几乎一人独霸了整个夏威夷的连锁餐饮行业。就像许多同辈人一样，他的身体起初还撑得住，但最终还是垮掉了。

如今我们开始意识到，一个人的自我实现很大程度上并不取决于银行账户上的数字，而取决于自己的主观感受和生活质量。或许正因如此，在这场"健康竞赛"中，人们将注意力转向了健身。商业健身房和时髦的健身工作室如雨后春笋一般在购物中心里涌现，这些机构八仙过海、各显其能，但许多从业者仍然将健康等同于举起更大的重量、燃烧更多的卡路里，以及"六块腹肌""马甲线"。他们推崇一种"更重，更大，更壮"的理念。这种理念能鼓励人们增加运动量，这当然不是什么坏事。但另一方面，有些连锁健身行业的从业人员对人体的了解仍然十分有限，一个最显著的盲区就是运动后的恢复，以及脊柱的健康。正因为如此，有些时候他们主观上说着强健身体，却在不经意间毁掉了客户的身体，令客户满怀希望而来，满腹失望而去。要知道，说服一个人去健身很难，说服一个因健身受过伤的人再次去健身比登天还难。

健康绝不仅仅是"增加重量，练大块头"。我们 Myodetox 要做的是修正问题，重建均衡。我们为客户赋权，提高他们的生活质量。我传递给客户的理念是"训练，休息，训练，睡眠，努力训练，提高效率"。我不会向客户承诺六块腹肌，但我会承诺一些更有价值的收获：有更多的时间做自己喜欢的事，同时更少受到疼痛的困扰。带着觉察对自己的身体做更多的"预保养"，我们就能更长久地维持自己的活动能力，更有可能实现健康和长寿。生命值得敬畏，我们应该努力在有尊严的情况下活得更加长久。

仅仅长久苟活是不够的，我们必须提高自己的生活质量。我衷心希望你能活到80岁、90岁，甚至100岁，但不是坐在轮椅上，也不是终年卧床，而是充分地享受自己的晚年。愿你的生活足够充实，充分实现自我，这其中最重要的一点便是免受疼痛的困扰。

第 4 章

运动帮你实现身体
"逆生长"

SIT UP
STRAIGHT

通过燃烧脂肪和增加肌肉来塑造身体，这是整个健身健美行业赖以生存的根基。我们在各种文章和广告里都看到过所谓的"前后对比图"，即把同一个人过去的形象与其现在瘦下来的、更健康的、更开心的形象放在一起展示。那么我们的身体在不做力量或有氧训练时是怎样活动的呢？这个问题直到近年才开始受到我们的关注。

人类幼年时期的身体活动是自发的、无规律的。随着我们逐渐长大，生活中效率和技术的占比也在逐渐提高（顺便一提，在某些地方，这种转型从幼儿园就已经开始了）。我们买了汽车，于是不必再像以前一样非得走路。我们找到了正式工作，于是不必再像年轻人那样用体力"打工"，而改为在办公桌前"坐班"。对于上班族来说，唯一的身体活动好像只剩下"在公司内部的权力体系里向上爬"。这是多么讽刺的事情啊！

一些人在工作之余从事体育锻炼，但绝大多数锻炼者其实只用到了其身体潜力中很小的一部分。练习腿屈伸或单纯拉伸腘绳肌虽然没什么不好，但人类在现实生活中很少做只局限于一个平面的动作。想想看，你在参加"斯巴达勇士"或"最强泥人"（Tough Mudder）这种障碍赛的时候，在翻越木质障碍物的时候，在泥浆地里匍匐着、从带刺铁丝网下面爬过去的时候……会用到哪些肌肉呢？为了做到这些动作，你需要更加多样化的训练准备，而不能只练杠铃深蹲、二头弯举和静态拉伸。现实生活中什么事都可能发生，你必须为各种突发状况做好准备。

行动指南 在购物的时候使用手提购物篮，而非购物车。

SIT UP STRAIGHT 购物车虽然能为你提供许多便利，但对于提高你的运动能力几乎毫无帮助。但手提购物篮就不一样了，它的运动模式类似于单侧手的"农夫行走"，是一个很好的负重训练动作。由于所有的重量都集中在一侧手臂，你的核心会被迫收紧，以便帮助稳定躯干。

我在前面曾经提到过李小龙，他的力量、灵活性、招式、协调性、自律、专注力及人格魅力都是出类拔萃的，令我敬佩不已。不过我最欣赏他的一点，还是他动作中体现出的流动性。他总是能以看上去毫不费力的方式完成超高难度的动作。在我看来，李小龙永远是"动作"领域的第一人，虽然这也许是我作为物理治疗师的一家之言。

李小龙在银幕上最引人注目之处，莫过于他的肌肉和精悍的身材。为了能自如地做出各种动作，他的肌肉势必要与身体的其他部分实现完美的协同。这里的"其他部分"首先指的是关节。人体包含250多个关节，每个关节都如同一处"铰链"，内部充满黏稠的液体，其作用是将坚硬的骨骼面和软骨彼此隔开，防止二者直接相互接触。这就像汽车曲轴箱里的润滑油，它可以降低摩擦阻力、防止引擎被高热烧坏。关节液的作用并不仅限于润滑，它还负责将营养物质输送到关节内部，并将代谢废物转移出去。

人体的关节既精密又脆弱，这一点可以从类风湿关节炎的病例中看出来。类风湿关节炎患者的免疫系统攻击了自身的关节，导致关节受到侵蚀并产生炎症。那些长期受累的患者，其手部总是歪七扭八、疙疙瘩瘩，这便是关节损伤的外在表象。这种疾病造成的疼痛和其表象同样严重，但是很不幸，对类风湿关节炎导致的关节疼痛，物理治疗师几乎是无能为力的。患者只能服用强效免疫抑制剂，而这种抑制剂会产生许多严重的副作用。

骨折、软骨损伤和韧带撕裂也会导致关节疼痛，任何体育爱好者都深知这类伤病对运动员意味着什么。前交叉韧带（Anterior Cruciate Ligaments，ACL）损伤对任何运动员（或其粉丝）来说都如同晴天霹雳，因为这三个字母代表着一种毁灭性的膝伤。ACL损伤的康复周期极长，运动员伤后能否恢复先前的运动能力，没人能打包票。我虽然能帮助人们预防这种伤病或从其中恢复，但在竞技体育比赛中，完全避免此类伤病的发生是不可能的。例如，在美式橄榄球运动中，当一名跑卫扎进防守锋线，被一名体重136.2千克的对手按倒时，一切糟糕的事情都有可能发生。

S I T   U P   S T R A I G H T
急 / 救 / 良 / 策

以心疗身

一些读者是在伤后复健阶段翻开这本书的，其中有一些读者或许还受了不止一处伤。如果你也是这种情况，那么你需要一边对自己的身体做"预保养"，一边完成正在进行中的伤后复健。很显然，同时实现这两个目标是非常困难的，无论在医学还是物理治疗层面上来说都是如此。本书中谈到的各种常规训练对伤后恢复有一定的助益，希望这本书能够对你有所帮助。

同时，我认为复健过程中的心理干预也很重要，只不过很多人尚未意识到其重要性。伤病对绝大多数人来说都是一种创伤经验。如果你有过创伤经验，就会明白我的意思。伤病不期而至，忽然夺走了你一直习以为常的某种东西（如活动身体的能力），因而动摇了你作为人的基本安全感。

话虽如此，你还是必须遵循医嘱，认真复健，以便早日回归正常生活。绝大多数人都经历过伤病，你并非唯一特例。你拖延得越久，就越难恢复受伤前的运动能力。你必须直面困难，尽力而为，并积极调整自己的心态。你最好将伤病视为人生旅途中的一场意外，就好像坐飞机时遇到了颠簸气流。伤病虽然对你的当下造成了困扰，但它不会妨碍你实现最终的目标。

如果你希望远离关节疾病、运动损伤或过度使用导致的磨损和撕裂，那么最好及早开始行动。我有一位名叫茱莉娅的患者，她的故事就是个很好的例子。茱莉娅在 21 岁时因为背部疼痛到我这里求助。我们初次见面时，她显得极为挫败。她说，只要她想跑步，疼痛就会让她的整条右腿难以活动，这种情况已经整整 5 年了。在她 16 岁的时候，她的整骨师声称她的关节并不适合跑步。或者说，那位整骨师其实是直截了当地断定，茱莉娅永远不能跑步。

从非常信赖的人那里得到如此负面的反馈，茱莉娅的心里无形中植入了对运动的深切恐惧。这个反馈最终变成了某种自证预言。早期经验引发的运动能力缺陷是很难处理的，因为个体常常得不到足够的共情和理解。旁人总是会觉得，一个 20 岁、外表看不出有什么残疾的年轻人，根本就不应该出现这样的问题。

经过 3 ～ 6 个月的持续努力，我最终帮助茱莉娅摆脱了疼痛的困扰，她能够毫无阻碍地跑步了。

绝大多数人的关节活动度都是受限的，因此在日常生活中只会部分地用到其关节的活动范围。茱莉娅在向我求助之前也是如此。我们在坐、站、卧或乘车的时候，极少会用到全部的关节活动范围。

为了保持良好的关节活动度，我们必须保证关节的健康。无论是做举重训练还是在柏油路上长跑，我们往往只关注肌肉，而很少关注关节，除非我们的关节出现疼痛。如果你每天在柏油路上练习长跑，你的踝关节和膝关节迟早会因为冲击力而隐隐作痛。如果你每周要练三次卧推，你的肩关节迟早会开始吱嘎作响。你最好及早关注自己的关节，在它们发出疼痛的信号之前未雨绸缪。为了预防关节损伤，你必须习得正确的动作模式。改善动作模式的方法之一，就是遵循本书将要教给你的"健康体态训练计划"。

筋膜：至关重要的"神秘组分"

人体里有一种组织结构比关节更容易被我们忽视，但却是人体进行一切运动的关键要素，这种组织结构便是筋膜。我第一次接触这个概念是在 2010 年，当时我正在给托马斯·迈尔斯（Thomas Myers）做助教。他是手法治疗领域的传奇人物，后来成了我的导师之一。托马斯·迈尔斯秉承着一种整体的、整合式的治疗取向，这在当时也算是独树一帜。受他的影响，我也开始将人体视为一个整体，于是许多事情的内在逻辑便自然而然清晰了起来。

传统的复健治疗师往往遵循"头痛医头，脚痛医脚"的工作模式：

√ 如果一块肌肉很弱，就设法增强它。

√ 如果一块肌肉过紧，就设法拉伸它。

这套工作模式有时可以见效，但如果它没有见效，我们该怎么办？如果一块肌肉既不弱也不紧，但患者的身体仍然无法正常活动，我们又该怎么办？我不想将治疗效果不彰归咎于无知，再把没治好的患者打发回家。我希望自己有能力做得更好。

迈尔斯对筋膜抱有独特的热忱，甚至接近于一种狂热。在那个时候，人们还普遍将筋膜视为一种无用也无害的组织结构。早期的医学研究者在刚开始解剖尸体时就发现了这种白色的物质，认为它并没有什么特殊的作用，只是一种占据体积的"包装材料"，一层毫无用处的填充物。然而这种看似不起眼的组织，恰恰是影响人体运动的关键因素（见图4-1）。

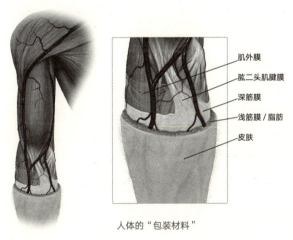

肌外膜
肱二头肌腱膜
深筋膜
浅筋膜/脂肪
皮肤

人体的"包装材料"

图4-1 肌肉组织上的筋膜

人体筋膜本质上是由微观薄膜组织构成的巨大网络，而绝非简单的填充物。筋膜就像缝线，将人体的皮肤、肌肉和骨骼结合并聚拢在一起[1]。它就像你切开鸡胸时看到的白色透明薄膜，或者剥开橘子时在橘皮和橘瓣之间找到的白色柔性物质。离开这些物质，橘子就会散架。同理，如果没有筋膜，人体也会像个布娃娃一样松散不堪。

筋膜全方位地包裹着肌肉，使得一块肌肉在相对其他肌肉运动时得以保持顺滑。除了包裹肌肉表面，筋膜还包裹着肌肉下面的肌纤维，从而形成纤维束和肌肉群。筋膜在肌肉的尽头还会融合形成肌腱，将肌肉与骨骼连接起来。

摩擦力会导致机器在接头处磨损、出现故障。同理，肌肉-筋膜组织在连接处也可能缺少足够的润滑，从而导致工作效率下降。当成对工作的拮抗肌①出现肌力不平衡时，分隔二者的筋膜组织就会变得僵硬。久而久之，某些位置上的筋膜就会粘连，引起疼痛，于是便形成了"触发点"（trigger point）。肌力不平衡的肌肉组织会产生适应，这会破坏筋膜组织的正常结构，从而导致更多的粘连。

肌肉从损伤中恢复时会产生瘢痕组织，这些瘢痕组织同样会破坏筋膜结构。这里所说的损伤不一定要达到"肱二头肌撕裂"那么严重，持续抗阻训练产生的轻微肌肉撕裂就足以导致瘢痕组织的产生。瘢痕组织会取代正常的肌肉组织，从而使肌肉组织失去柔软和强韧。因此，随着筋膜结构被破坏，你的速度和力量就会下降，运动表现也会随之变差。

迈尔斯将大部分工作精力都用于研究筋膜组织的构成和功能。在他的熏陶下，我也开始对筋膜变得狂热了。迈尔斯还为我开启了治疗工作的一片新天地。我们不妨以一类常见的患者为例。他们的主诉是深蹲时"蹲不下

---

① 拮抗肌（antagonist）：由两块或两组肌肉构成。其中一者处于收缩状态时，另一者就会处于拉长状态，反之亦然。例如，肱二头肌在上臂屈时收缩，上臂伸时拉长；肱三头肌在上臂伸时收缩，上臂屈时拉长。——译者注

去"，他们的问题表象是足背屈（即"勾脚尖"）的程度不够。导致这种表象的原因是什么呢？是他们的神经系统受到恐惧驱使或被既往伤病史影响，因而不允许他们这样做吗？是他们的力量不足，以至于无法蹲到最低点吗？是他们的小腿肌肉过于紧张吗？又或者是他们筋膜系统的完整性受到了破坏呢？……其实导致一个人"蹲不下去"的原因很多，但并非所有物理治疗师都会从筋膜损伤的角度去思考这个问题。

我做物理治疗的目标之一就是改善患者的肌筋膜系统（即肌肉和筋膜构成的整体）的功能。我会通过手法治疗或运动等手段对筋膜组织施加特定的机械力，重新排列并润滑筋膜，从而令不同层次的肌肉和筋膜能正常地相对滑动[2]。按摩在一定程度上也能起到作用，但只做按摩是肯定不够的。许多按摩师只会向垂直方向施加压力，但无法在恰当的深度生成组织之间的"滑动"效果。这样的筋膜治疗无须"下狠手"，精准施力比蛮力更重要。我在为患者提供治疗时，会始终考虑这样一些问题：我是应该向上推患者的股四头肌，还是向下推？我是应该松解这块肌肉，还是应该强化它？我的治疗手法将会对患者的运动模式产生怎样的影响？

关节活动度训练是一种未雨绸缪的手段

现在你已经了解肌肉、关节和筋膜的概念，接下来我们就可以来谈谈关节活动度训练了。我在上文中说过，筋膜的作用就是平衡肌力和活动度。活动度本身并不能为你的行为提供必要的驱动力。比如说，你想要跳得更高，那么在深蹲训练时蹲得更深并不能直接实现你的目标。然而，如果你在深蹲训练时用了很大的重量，但关节活动度又非常受限（譬如你只能以大重量做半蹲，而非全蹲），那么你就很难跳得足够高。你虽然具备扛起重物的能力，但你的发力会受到限制，不能将这些力转化为跳跃的动力。解决问题的关键是在上述两个极端之间找到折中，这样一来，通过训练提高关节活动度就势在必行。

力量举、自重训练和拉伸早在 20 世纪就开始流行，但关节活动度训练的普及是最近这几年才发生的事。CrossFit[①] 作为一个流派或一种潮流，推动了这种训练的普及。很多参与过 CrossFit 训练的人很快就意识到，如果他们想要继续参与这样的训练而不致受伤，就必须专门提高自己的关节活动度。

许多外因和内因都倾向于剥夺我们本来具备的关节活动度。坐在电脑前、飞机座椅上或轮椅上，这些姿势对人体来说都称不上自然。除了外力的影响，衰老也会导致组织弹性降低、骨骼变脆，因而会逐渐降低我们的关节活动度。糖尿病和关节炎这样的慢性疾病，还有所有慢性疼痛的症状，实际上都会导致关节活动度降低、帕金森综合征和多发性硬化症甚至还会让人寸步难行。我的治疗手法是基于体态的，不能治愈上述这些重大疾病。但我们在生命中总会遇到各种挑战，我们必须尽自己最大的能力去应对。对于绝大多数人来说，关节活动度训练都是有益无害的。

行动指南
SIT UP
STRAIGHT

在日常生活中，别让你的关节和身体总是闲着。用爬楼梯代替坐电梯已经是老掉牙的建议了，但诸如此类的建议其实很有道理。增加身体活动对你的心脏和肌肉都很有好处。加拿大麦克马斯特大学的研究者发现，每周至少爬 3 次楼梯不仅有助于提高心肺功能，同时还可以锻炼你的腿部和臀部肌肉。

另外一种行之有效的做法是选择停车场的角落位置泊车，然后多步行一段路去商场。为了找一个靠近商场的车位而在车里多耗 10 分钟是没有意义的。在角落位置泊车还有另外一个好处，那就是不用担心你的车门会被别人的购物车蹭到，尤其是在你一个人出门的时候。

① CrossFit：一个起源于美国的健身训练体系，它以获得特定的运动能力为目标，综合了田径、体操、举重等许多动作，进行无间歇练习。——译者注

关节活动度训练是一种预防身体衰老的手段，因此需要持之以恒，每天练习，甚至一天要练习多次。这类训练旨在帮助我们活动身体时更加自由、更加高效。谁会拒绝这种体验呢？提高关节活动度不仅可以降低受伤风险，还能强化关节，减少疼痛。其操作方法则是模拟你日常生活中的动作，而非简单的卧推或体前屈。想做任何动作、想拿取任何东西或遭遇任何意外情况，你的身体都必须有能力做出正确的反应，而这正是关节活动度训练的目的。

关节活动度的另一个重要作用是帮助你控制每个关节周围的肌肉，并提升身体的稳定性。关节活动度训练能强化你对自身空间位置的感知，让你更好地维持平衡。这种能力对上了年纪的人来说尤其重要，因为上了年纪的人更容易摔倒。想要维持健康长寿、拥有高质量的生活，你就必须有能力保持身体平衡。

人体的稳定性与平衡相关，但二者并不等同。稳定性是指你在从事某种身体活动的时候保持姿态恒定，不让姿态轻易被破坏。你拿起送到家门口的快递或举起杠铃，这些动作的完成都离不开稳定性。例如，你扛着杠铃练习深蹲，躯干和四肢在下蹲阶段抖个不停，此时你的动作可能还算平衡，但显然不太稳定。我稍后会给出一些具体的训练方法，帮助你提高身体的稳定性，这样你以后做卧推、深蹲这样的动作时就会更安全，训练收益也会更高。

你在刚开始做稳定性训练的时候，可能会感觉很新奇，甚至非常别扭。如果你在健身房看到别人做这些训练，你可能还会觉得他们的动作有点怪。不过不必担心，这些训练是非常有效的。它们会同时涉及多个关节的活动，因此深得我心。像杠铃二头弯举这样的单关节动作只涉及一个关节的活动（肘关节），但我们在现实生活中极少做这样的动作。我们绝大多数时候会同时用到多个关节，而且需要这些关节的活动彼此协调一致。关节活动度训练本质上就是对现实生活的模拟。

活动度与柔韧性的异同

许多人将关节活动度等同于柔韧性，但其实它们是两个不同的概念。柔韧性是指人体某个关节被动的最大活动范围，即关节可动域（Range of Movement），而活动度是指关节和肌肉主动的活动范围。关节活动度涉及你的力量和协调性，还需要本体感觉参与。我们来举个简单的例子吧，请你平躺下来，用手帮忙，将右膝用力贴向自己的胸口，留意在动作到达极限时你的膝关节与胸部之间的距离。然后重复一次这个动作，但不要用手辅助。这一次，你的膝关节与胸部的距离一定不会像上一次那么近。这个例子告诉我们，一个关节可能柔韧性还不错，但活动度未必没有受限。我总是会为患者设计一系列训练，帮助他们既提高柔韧性，又改善活动度。

你可能听说过一个概念叫作"静态拉伸"。这个动作可以有效提高柔韧性，典型的例子就是站立体前屈：弯下腰，尝试摸到自己的脚趾，并在这个位置上保持 30 秒。如果你缺少拉伸训练，肌肉就会缩短、变紧，从而更容易受伤。当然，你也可以采用"动态拉伸"的训练方法，这样就会更多地涉及关节活动度。每一次动态拉伸保持的时间会相对很短（通常是 1 ～ 3 秒）。我们可以认为"静态"在这里意味着柔韧性，而"动态"则意味着活动度。这两种拉伸训练应当分别放在力量训练之后和之前进行。动态拉伸能令你的组织更具弹性、升高核心体温并充分润滑关节，因此是一种很有效的热身手段。我们的肌肉和肌腱具备一种称之为"黏弹性"的属性，即它们在不同的温度下表现出不同的机械性能。这就好像一块太妃糖：在温度较低时，它非常坚硬，掉在地上会碎成片；但稍微加热，它就会具备延展性，掉在地上不会直接碎裂。我们的肌肉具备同样的特点，因此我们需要热身，让肌肉组织稍微升温，这样就能降低受伤的风险。

动态拉伸通常会提高心率，而静态拉伸则不会。静态拉伸不需要你的身体处于运动状态，不能提高心率或核心体温，因此并不适合作为热身训练的一部分。有一些研究表明，运动前的静态拉伸甚至会降低肌肉发力做功的能力[3]。也就是说，如果你在深蹲练习之前做了股四头肌的静态拉伸，股四头肌的力量就会在训练时降低。因此静态拉伸应当安排在训练完成之后，在核心体温仍然保持在高位、肌肉仍然充满弹性时进行。此时你的注意力也更容易集中在这些被拉伸的肌肉和组织上。

静态拉伸的发力应当轻柔，不要猛烈发力或是"弹震"。我见过许多练习者很努力地推动身体，拼命拉长自己的肌肉。最常见的情况就是站立体前屈：练习者努力地想要摸到自己的脚趾，但只能够到自己的小腿。出于一种挫败感，他们上下弹动身体，不断地主动向下发力，企图推动自己的手再摸低一点点。这种做法就是弹震。弹震对提高关节活动度毫无帮助，只会增加受伤的风险。而拉伸训练的目的之一恰恰是降低受伤风险，因此弹震式的拉伸只会适得其反。

行动指南
SIT UP
STRAIGHT

你可以在组间休息的时候做拉伸。除非你在做循环训练[①]，否则你每两组动作之间都会有一段较长的休息时间，少则半分钟，多则好几分钟。你可以利用这段时间做一些静态拉伸，这种训练安排首先能够提高你的时间利用效率。组间休息是必不可少的，如果能见缝插针、安排一点有用的练习，何乐而不为？其次，随着训练的进行，你的体温会开始上升，身体组织也会变得更有弹性。不趁此时拉伸，更待何时呢？

---

① 循环训练：一种训练安排，指在单次训练中连续安排多个不同的训练动作（如8～10个），每个动作以较高强度持续较短的时间，之后少休息或不休息，立即进行下一个动作的训练，直至完成最后一个动作。训练者可根据自身的实际情况和需要安排不同强度、不同部位的训练动作。这种训练安排有助于在较短的时间内获得更高的收益，尤其适合与高强度间歇训练（High-intensity Interval Training，HIIT）的方法搭配使用。——译者注

不过要注意，此时的静态拉伸应该针对你此刻没练到的身体部位。例如，如果你正在练习卧推，就不要在组间休息时静态拉伸胸肌。研究表明，这样做会降低你卧推的表现。但你可以在组间休息的时候拉伸自己的背肌。反之，如果你今天练背，就可以在组间休息时拉伸胸肌。

人体的柔韧性在一定程度上还会受到基因的影响。当你看到顶尖的体操运动员在平衡木上劈叉的时候，你大概会对自己说："哎呀，我可能永远也做不到那种程度。"你的想法很可能是对的。有些人确实天生就柔韧性极佳，是练习体操的好苗子。但重点在于，无论柔韧性的天赋如何，你都可以通过训练提高自己的柔韧性。你的目标不是像奥运体操运动员一样柔软，而是通过训练不断提升自己的柔韧性，无论你是在做一般的拉伸训练，还是在跟着我的计划训练，莫不如此。

小小的改变，大大的收获

在谈到"顶尖运动员"的时候，我总会想起这样一段往事。几年前有人曾经联系过我，并在邮件中写道："约安·布莱克（Yohan Blake）希望与你会面。"

我心里顿时嘀咕起来：这个名字我好像从来没听说过啊。于是我就上网搜索，这才恍然大悟：哎呀，原来是他呀！约安·布莱克虽然是世界顶级的短跑运动员，但当时我便留意到，他在过去的四年里有三年并未参加任何比赛。我那段时间工作非常忙，因而没有马上回复这封邮件。

过了一段时间，我遇到了 Myodetox 的另外一名治疗师，便和对方随口聊起来："嘿，我记得你曾经是田径运动员，对吧？你听说过一个叫约安·布莱克的人吗？他前一阵想约我会面，但我当时太忙了，而且他差不多有三年没参加职业比赛了吧，所以……"

那名治疗师直勾勾地看着我，两眼充满疑惑："你是在开玩笑吧？"他告诉我，"约安·布莱克每年都会参加比赛，而且是奥运会的常客。他可是地球上跑得最快的几个人之一啊。最近他正在努力争取今年里约热内卢奥运会的参赛资格呢。"

约安·布莱克事实上是百米跑成绩排在世界第二的运动员，仅次于尤塞恩·博尔特！我顿时感到自己既愚蠢又无知，赶紧回复了那位联系人的邮件。那人正是约安的教练杰（Jae）。他安排我乘飞机去与约安会面，为约安提供治疗。约安当时正受到久治不愈的腿筋伤势的困扰，这对于任何备战奥运会的短跑运动员来说都无异于噩梦。

"我就开门见山吧，"我对他们说，"现在距离奥运会只剩下一个月，时间非常紧张。我不想在此时改变他的人体力学模式。如果你们希望我为他提供治疗，那么最好把时间安排在休赛期。"

在奥运会结束后，我的确又去了一趟牙买加，与约安一起工作。我第一次出席他的训练课，旁观他做分腿蹲跳和冲刺跑等各种训练。他的右脚在训练中呈现奇怪的角度，这一点让他的教练大伤脑筋。对于顶尖的短跑运动员来说，任何一点点人体力学上的不足都是致命的。

约安就这样在教练的指导下训练，我就这样继续观察了一阵。之后我终于坐不住了，"我能看看你的脚吗，约安？"我请他试着抬起脚趾，但他并非所有的脚趾都能正常抬起。于是我把他带到场地旁边，快速地为他做了一些处理，松解了几处僵硬的足部肌肉。过了大概10分钟，他回到跑道上，继续同样的训练。他的右脚已然完全恢复正常了。

某些微小的改变能够产生看似不成比例的巨大影响。在这个案例中，一只大脚趾的功能竟然与整个身体其余的部分存在如此深刻的关联。你或许从未留意过自己的大脚趾是如何在日常生活中发挥作用的。你的身体里有600多块肌肉，其中许多肌肉体积非常小，藏得非常深，以至于你可能从未听过其名称，也从未感知过其发力，直到某一天因为某个不熟悉的动作导致它受伤、引起疼痛。有些你闻所未闻的小肌肉实际上起到了非常重要的作用，我们只有在失去它们的时候，才会意识到它们的重要性。控制你大脚趾的肌肉就是很好的例子。如果这些肌肉过于紧张，如果你从来不拉伸它们，那么你有朝一日就会受到种种问题的困扰，包括困扰过约安·布莱克的那种伤病。

我的专长就是处理许多人看不到（甚至意识不到）的那些身体问题。如果你只是想通过训练和拉伸股四头肌、背阔肌和胸大肌来改善体能、保持体型，那么你并不需要我的任何帮助或建议。这种事每个人都能自己做到。然而人体的复杂程度远远超出普通人的认知。因此，如果你能坚持执行我的健康体态训练计划，你就会发现其中的某些训练涉及了你之前从未意识到的身体部位，譬如大脚趾、髋部的某些小肌肉、背阔肌旁边某些精细的小肌群等。

第 5 章

给自己做一个全身
评估

SIT UP
STRAIGHT

本书提到的体态与关节活动度训练理论上对所有人都是有益无害的，也就是说，每个人都可以从自己的现状出发，通过这些练习使自己获益。当然，你的现状和出发点也包括既有的活动受限。我们需要为这些问题找到原因，然后设法解决。

　　让我来举个例子吧。在我刚进入物理治疗行业、尚未创立 Myodetox 之前，我通过社交网络平台获得了一些客户。我会定期从多伦多飞往洛杉矶，为这些客户提供治疗。这段"飞刀走穴"的经历令我萌生了一种愿望：将我的治疗理念公之于众，让更多有需要的人得到帮助。我这样飞来飞去从事治疗不是为了钱，而是为了增长经验、磨炼技术并传播思想。

　　某次"走穴"之前，一位名叫格兰特的退役军人在 Instagram 上找到了我。"嘿，老兄，"他留言给我，"我的肩部受了一些伤，我已经预约了下周的手术。我不想做手术，但我没有其他办法了。你能帮帮我吗？"

"说实话，我也不确定是否能帮上你的忙，但我会尽力而为。"我回复道，"下周我会去洛杉矶。我们可以约个时间会面。"

我借住在洛杉矶的一个朋友家，位于威尼斯海滩一带。我在出差时没有正规的诊疗室可用，只能在屋外支起一个临时的诊疗台。这是我一贯的做法。我就是这样第一次与格兰特见了面。

我在正式实施治疗之前，总会先尽可能全面地收集信息。"我总是做很多的俯卧撑和引体向上，"格兰特告诉我。他显然很喜欢自重训练，这类训练在体育课和军队里十分常见。"然而，当我的肩部开始疼痛之后，我连一个引体向上都做不了了。为我安排手术的外科医生说，我这是严重的肩袖损伤。"

我的诊疗台不远处有一丛树，来自太平洋的微风吹得树叶沙沙作响。"看到那些树了吗?"我对格兰特说，"我想请你抓着树枝，尝试做一次引体向上。只做一次就好。"

"没问题。"格兰特显得有些不安，"我试试看。"

格兰特走向那些树，跳起来抓住最低的一根树枝，将自己悬吊起来。他就这样悬吊了一阵，努力尝试将身体拉上去，但最后只是痛苦地呻吟了一声，显然是肩部疼痛又发作了。他停顿片刻，打算再试一次，但最终还是放弃，松手跳了下来。他一边转身向我走来，一边沮丧地摇着头。

我走近格兰特，触诊他的右肩，帮他调正冈下肌和冈上肌的位置。这两块肌肉虽然体积很小，却十分重要，它们都会参与引体向上的动作中。根据我的观察，格兰特的问题就出在这两块肌肉上。情况正如我所料，他的这两块肌肉非常紧，僵硬得简直像两块铁板。我的手指在检查过程中摸到了许多触发点。

我请格兰特做几个练习，帮助紧绷的肌肉放松。他认真地一一照做。20 分钟之后，我让他用右肩尝试了不同活动范围的动作。

"感觉怎么样？"我问他。

"哇，感觉好多了！"他说。

"那就再做一次引体向上试试看。"

格兰特走向同一棵树，跳起来抓住同一根树枝，将自己的身体向上拉起。这一次他没有因疼痛龇牙咧嘴，动作也毫不拖泥带水，下巴轻松地越过了树枝。然后他松开手，身体落下来，看上去非常震惊。

"感觉棒极了，简直不敢相信！"他对我说。

那一周的晚些时候，格兰特留言告诉我，他已经把手术取消了。

我们应该看到，格兰特的手臂或肩部有足够的力量完成引体向上，但是由于筋膜和其他组织过度紧张，他的手臂和肩关节无法正常运作，而且出现了疼痛。外科手术不但无法解决这种问题，而且手术留下的瘢痕组织本身就是问题——他将不得不接受术后复健，而这一切原本是毫无必要的。

让体态成为指导行为的第一准则

我从事治疗工作的方法非常简单：体态是其他一切的基础，也是指引我工作方向的北极星。一旦体态得到矫正，我就会引导患者运用新的、更加正确的体态，更轻松地完成各种身体活动。一旦体态和动作模式都得到改善，我的工作重心又会转移到强化肌力和肌耐力上面。这套方法论帮助我解决了一些你想象不到的、最复杂的案例，甚至包括一些"死马当作活马医"的患者。

我将我的工作方法简称为"3C"：创设（Creation）、掌控（Control）和赋能（Capacity）。

创设是指帮助患者发展出足够的活动空间或关节活动范围，通常需要借助手法治疗技术和一些特定的练习实现。

掌控是指帮助患者掌控、运用新增的活动范围。

赋能是指增加患者的速度、肌力、敏捷性、肌耐力等，以提升其运动表现。

常规的复健治疗往往只着眼于上述三个方面中的一个或两个。能够以体态作为基准，同时兼顾这三方面的从业者，可谓少之又少。例如，按摩治疗师、整骨师和一些物理治疗师只注重用手法（如松解或剥离）放松肌肉和软组织，以增加关节活动范围。他们并没有帮助患者实现掌控，也没有提高患者的身体能力。所以患者一旦回到日常生活中，先前的问题就容易因缺乏掌控和能力而再次复发。

私人教练比较注重强化肌肉力量，也即为患者赋能。然而很多时候，这种能力提升的表象之下其实是本质的失能。单纯把肌肉练得更强，相应的维护保养却没有跟上，对患者来说往往是祸非福。这样做无异于赋予患者一种他们无法掌控的能力，就好像让他们站在独木舟上、扛着火箭筒开火。拥有无法掌控的力量，只会给你带来危险。

同时着眼于上述三个方面，其目的在于维持身体的正确排列，令各肌肉群能顺畅地引导身体的活动，犹如进入心流一般。在这种理想状态下，人体的各个关节会不着痕迹地为运动提供支持。若想进入这种如心流般顺畅的运动状态，我们就必须保持各个关节的正确排列，这也正是我努力要帮助患者实现的目标。我工作的第一个阶段旨在帮助患者奠定坚实的基础：让健康的组织和关节构成一个灵活的系统，并让这个系统进一步强化正确的体态和排列。第二个阶段将会帮助患者获得足够的控制力和肌肉力量，而且是建立在更加坚实的基础之上。让患者练出光鲜的肌肉，掩盖其下漏洞百出的体态和结构，这种做法与我的理念是相悖的。

形成良好的体态，保持身体的对称，逐步扩大关节活动范围，你就能为身体创设出足够的活动空间。然后你便可以放心大胆地从事各种活动，而不必过分担心受伤。掌控和赋能让你可以自由地调整运动过程中的动作强度。人体的各种组织，包括我们迄今为止谈到的筋膜、肌肉、骨骼和神经，就像一个交响乐团里的各种乐器，每一次身体活动都是这个乐团的一次合奏。如果每种乐器只能演奏一个音符，那么你可做的动作就所剩无几了。若想让身体有能力完成更多的动作，就必须让身体组织保持健康状态，让它们具备足够的活动范围和能力。

一个人的体态和动作模式就像他的指纹或签名，是高度个性化的。在接待一名新患者时，我总是会仔细观察他／她的身体结构，以及站姿和坐姿。通过这样的观察，我能看出患者基本的运动模式，并聚焦于其当前的问题所在。人们的运动模式和体态无声地讲述着他们的故事，其中的情节关乎事主过往的生活选择，以及过去受过的伤。这些经历塑造了每个人的身体，也影响了他们当下的每一次举手投足。

我们的体态会受到各种各样因素的影响。例如，个子过高的人可能会有很糟糕的坐姿，因为这个世界对高个子不够友好。座椅、服饰、汽车和飞机的座舱、健身房的设备……这一切在设计时都不是以篮球运动员为目标受众。高个子们不得不勉强把自己塞进各种狭小的空间，蜷缩成一团，于是颈部和背部就容易出现各种问题。即使是开会这样简单的事情，对高个子来说也显得格外艰难——为了和别人有充分的"目光接触"，他们不得不一直弯腰低头。

孕妇是另一个格外容易受到体态问题困扰的人群。在孕中期（14～27周），随着胎儿逐渐长大，孕妇身体的自然排列开始受到影响。她们的骨盆前倾，身体重心向前平移。她们的腹壁逐渐松弛，维持直立的功能逐渐变弱。这使得她们更容易出现下背部疼痛。对体态保持充分的觉察，是避免或缓解这种常见疼痛的关键。

我曾经接待过一位名叫亚当的患者。他对自己的体重十分在意，总是努力向内"吸"自己的腹部，试图把肚腩隐藏起来。久而久之，他的腹壁变得松弛，下背部和髋部都出现疼痛，还伴随着其他一些问题。于是我便这样劝导他："你把腹部向内吸，是为了让自己看上去体面一点儿，我能理解你的想法。但是这样做对你的背部很有害，这是一种不可持续的行为习惯，这一点你能理解吗？"

想要治疗效果好，我们就必须先让那些有破坏性的行为模式暴露无遗。这些行为模式通常都是经年累月形成的习惯，只有充分理解了这些习惯及其影响，我们才有可能真正帮到患者。

我在观察和评估患者时，会格外关注其身体各个部分之间的联系，并以此作为线索。例如，患者的胸廓和骨盆的关系是怎样的？他们的骨盆如果倾斜，是前倾、后倾还是侧倾？他们的头部相对于胸廓的位置如何？他们在站直的时候，膝关节相对于双脚的位置又如何？我们是人，不是广场上的雕像，我们要以动态而非静态的视角分析患者的体态及平衡。对体态进行干预，不是为了纠正一成不变的姿态，而是为了解决运动中存在的问题。

我总是试图教患者关注他们的身体状态，并理解其可能的成因。例如，我会对患者说："你是否注意到你站着的时候总是倾向于把重心压在右侧？"我这么说是为了指出他们的某种特定行为模式，这些行为模式是他们问题的成因，而他们对此可能毫无觉察。我希望引导他们进一步理解自己的身体，这样他们就有可能实现自助。这大概就是物理治疗领域的"授人以渔"吧。医生和物理治疗师永远是稀缺资源，不可能为每个人提供充分的一对一服务。我们必须引导人们保持良好的体态，这样才能切实提高大家的生活质量。基本的自助技巧能解决许多与体态相关的健康问题，我对此深信不疑。

一只蝴蝶的翅膀足以掀起一场风暴。一旦你的身体排列"格式化"成功，你就会感到自己长高了，呼吸变深沉了，运动也更加协调了。

我在前面提到过，人们为了应对某些问题（包括伤病）会做出代偿，而代偿引起的结构性问题是破坏人体正常排列的首要原因。我们可以想象这样一个人：他在小时候严重扭伤了自己的右踝。在养伤期间，他的脚踝肿大到平时的两倍。为了保护自己不致再次受伤，他总是小心地、一瘸一拐地走路，于是左腿很自然地承担了超出其正常限度的职责。这就是一种代偿。用不了多久，这种"新"的走路姿势就会成为习惯。人体哪个部位承受了活动带来的压力，哪个部位的胶原组织就会增生。因此，他的左腿会分泌出更多的胶原蛋白，令左腿比右腿变得更僵硬一些。在他的右踝伤愈后，这种新习得的走路姿势未必会自然消失。也许他此时开始重新练习跑步，但每次跑起来，他都会发现自己的动作有些别扭，这是因为他的身体还在顽固地为保护右踝进行代偿，虽然此刻右踝已经不再需要这种保护。所以在扭伤养好之后，他的左腿可能出现一些新的问题。

上述案例中暗含了一个假设，即他的右踝伤势已经痊愈。但现实往往并非如此。最初的扭伤导致的疼痛可能已经消退，但他的右脚却过度旋前（足弓塌陷，趋向于扁平足），而且右膝在静息状态下趋于内扣。这会导致他的体重在两侧髋关节分布不均，最终可能引起下背部疼痛。他大概做梦也没想到，导致自己下背部疼痛的罪魁祸首，竟然是多年前的一次踝关节扭伤！

来自"习惯性崴脚"的启示

我的诊所在新冠疫情期间见证了另外一次"小流行病"：许多人因为跑步扭伤脚踝（崴脚）前来就诊，导致了我们这里的"挤兑"现象。在公共场所关闭之后，每个人仿佛都忽然爱上了跑步。这其实很容易理解，毕竟你被关在家里，终日久坐，很自然地就会想要做些门槛和成本都低的运动。这种运动最好既不违反疫情期间的社交隔离令，又能让你呼吸到一些新鲜空气，享受一些阳光。然而，随着跑步里程的增加，脚踝受伤也就变得在所难免，有些情况下是支撑脚崴向外侧，更常见的情况则是崴向内侧。而且我敢说，这些来就诊的患者里，十有八九都是习惯性崴脚。那么问题来了：为什么人们会一次又一次地扭伤自己的踝关节呢？

如前所述，严重的踝关节扭伤会影响足部的受力分布，进而改变患者的步态。为了解决这个问题，医生会首先帮助患者恢复完整的关节可动域，再将踝关节的力量恢复到受伤前的水平。听上去十分轻松简单，不是吗？这时患者可能就会说："行吧，我走路的时候已经不痛了，我的踝关节应该没事了。"

然而，实际情况未必如此。我这次打算用音乐来做个类比。顺便说一句，我很喜欢音乐，喜欢到什么程度呢？有一次我甚至考虑不做治疗师，转行去当个音乐人。

我们就以钢琴作为类比对象吧。钢琴有 88 个琴键。你不能仅靠踩着拍子按下琴键就弹奏出美妙的乐曲。你既要按对琴键，又要恰到好处地用对力量。这两个因素都会影响演奏效果。为了做到这两点，你必须具备完善的知识——读懂乐谱，通晓每个琴键代表的音阶，掌握时机……如此种种，不一而论。

我们的身体就如同一架钢琴。那么有哪些要素会影响身体的"演奏"呢？其中一个关键的要素就是我们的中枢神经系统。有了它，我们才能创设活动空间，控制动作，利用赋能，最终做出动作。

如果你有好长一段时间不弹钢琴，如三个月或半年，你就不太可能马上找回演奏手感。钢琴弦的张力会发生改变，你必须先调校一番，让每一根琴弦落在正确的音高上。同理，在崴过一次脚之后，你也需要对自己的中枢神经系统做一次"调律"，而非单纯地"治好"脚踝。恢复踝关节的力量，在活动时不疼是一回事；训练踝关节适应各种情况，恢复其运动能力则是另一回事。

本体感觉是指身体感知自身所处空间位置的能力，这种能力代表着你对自身动作和姿态的觉察。你闭上眼睛的时候能够准确地摸到自己的鼻子，这是因为你的身体和大脑对"鼻子在何处"有清楚的认知。你的肌肉、肌腱和关节内部都有许多被称为"本体感受器"的神经元，负责向大脑发出本体感觉信号。可想而知，如果这些组织受伤，我们的身体对自身所处空间位置的觉察也会受到影响。

研究表明，伤病确实会改变人的本体感觉。[1] 以上文提到的那些扭伤脚踝的人为例，他们常常成为我的回头客。当然，他们在第一次受伤后会接受治疗，踝关节的肿胀会消失，关节活动范围和力量也得以恢复。他们走路不再感到疼痛了，但下一次还是会崴脚，这又是为什么呢？一种可能性是他们的踝关节还没有经过充分的"调律"，尚未对跑步做好准备。只用"疼痛消失"作为伤愈的判断标准大概是不够的。他们的踝关节是否得到了足够的赋能？其强度真的足以在单腿着地时维持平衡吗？他们能正常地做各个方向的单脚跳吗？如果睁着眼睛能够完成，那么闭上眼睛又如何呢？

有经验的复健治疗师绝不会仅以疼痛消失为依据，判断身体的某个部位已经痊愈。他们会帮助运动者重建本体感觉，以便使其最终完全恢复运动功能。对身体的"调律"意味着个体必须对受过伤的部位重新建立掌控，并恢复其运动能力。这是复健治疗领域的常识问题。

行动指南
SIT UP
STRAIGHT

保持睁眼，单脚站立，然后连续完成 10 次提踵。做完之后，换另外一只脚，重复上述动作。然后保持闭眼状态，再分别完成两条腿的单腿提踵各 10 次。

你在上述练习中感觉如何？你是否在完成 10 次提踵之前已经明显失去了平衡？你用某一侧完成这个练习是否感觉格外困难？你在闭眼状态下完成这个练习是否觉得更困难？如果你对这些问题的回答都是"是"，那么你的本体感觉可能比较差，你更容易失去平衡的一侧格外需要加强训练。倘若你的情况正是如此，那么平时应该在闭眼状态下多做提踵练习。

糟糕的本体感觉会导致糟糕的运动表现。对于那些习惯性崴脚的患者来说，"糟糕"意味着他们在第一次受伤后，并未重新训练自己的脚踝以满足跑步的要求。这会像滚雪球一般引发一连串的问题，他们最后甚至可能需要去神经内科就诊。

本体感觉训练还有助于你维持良好体态。研究表明，来自躯干和髋关节的本体感觉输入信号会影响你坐、站和走的姿态。[2] 本书第 6 章提供了一些练习，规律地进行这些练习可以改善本体感受器的功能。本体感受器向神经系统发出更正确的输入信号，将有助于你保持正确体态、减少伤病发生。同时，它们还会提醒你在各种情况下留意自己的体态，直至养成良好的体态习惯。

我设计的练习将从以下三个方面帮助你改善运动模式和体态问题：

√ 为你的各个关节创设足够的活动空间。例如，习惯性崴脚者通过练习，可以获得完整的踝关节可动域，而头部前倾者则可以回归正常的脊柱生理曲度。

√ 帮助你掌控新获得的这部分活动范围。例如，习惯性崴脚者可以顺利完成单腿提踵练习，而头部前倾者则能在日常工作中保持躯干挺直的体态。

√ 在新获得的活动范围内为你赋能。例如，习惯性崴脚者能在闭眼状态下或不同情境中控制踝关节并保持稳定，而头部前倾者则可以在驾驶、步行或任何日常活动中保持新的体态。

如何评估自己的体态

我不可能为本书的每位读者提供一对一的评估服务，因此我在这里给大家提供一个简明指南，这样大家就可以对自己的身体做一个评估，并找到自己需要着重训练的部位。

本书第 6 章的"获得健康体态的 12 个练习"适合所有人，但每个人的情况不尽相同，因而难免需要一些个性化的调整。

我们在日常生活中总是惯于打量别人的身体，但并非每个人都会以同样的认真态度审视自己。大多数人只有在感到疼痛或运动受限时，才会真正关注自己的身体。我们平时总是对它不闻不问，任由它自己调节。正因如此，我要你现在就仔细审视一下自己的身体——既要看到缺点，又要看到优点。

在本章接下来的部分里，你会看到许多物理治疗师（例如我）观察和评估患者身体所用的术语。只有了解这些术语，你才能更好地遵循本书给出的各种建议。千万不要被这些术语吓到，它们其实并没有那么难懂。学会这些术语将有助于你对身体开展"预保养"工作。

有关身体朝向的术语

正面观：身体从正前方看来的状态（如图 5-1a 所示）。

后面观：身体从正后方看来的状态（如图 5-1b 所示）。

侧面观：身体从一侧方看来的状态（如图 5-1c 所示）。

（a）正面观　　　　　　（b）后面观　　　　　　（c）侧面观

图 5-1　三种身体朝向

有关活动平面的术语

人体关节的各种活动总是发生在至少一个平面上：

矢状面：该平面将人体从正中分为左右两部分。矢状面上发生的运动是前-后向的（如图 5-2a 所示）。

冠状面：该平面将人体从正中分为前后两部分。冠状面上发生的运动是左-右向（侧向）的（如图 5-2b 所示）。

水平面：该平面将人体分为上下两部分。水平面上发生的运动是旋转或扭转的（如图 5-2c 所示）。

（a）矢状面运动，
身体前屈

（b）冠状面运动，
身体侧屈

（c）水平面运动，
躯干扭转

图 5-2　人体关节活动图

为了恢复或保持良好体态，你必须基于正确的评估，进行正确的训练。对自己做评估乍看之下很难，但其实很容易实施，只要几句话就能说清楚操作流程，远比你想象中的简单。借助自拍，你可以发现自己体态中的不足之处，对着镜子观察也可以。请别人帮你拍摄标准的正面、后面和侧面观还能进一步提高评估的精度。在拍照时注意穿尽可能少且足够修身的衣物，保持站位和打光角度不变，务必将从头到脚整个身体都清楚地拍下来。

使用手机自拍体态评估照（以 iPhone 为例）：

√ 将手机调到自拍模式。
√ 将手机垂直放置于桌面高度（如图 5-3a 所示）。
√ 站在距离桌面约两步远的位置。在地板上两脚之间的位置做个标记。你从头到脚的整个身体都应该完整地进入画幅（如图 5-3b 至 5-3d 所示）。
√ 走回桌边，将手机的自拍计时器设置为 10 秒（如图 5-3e 所示）。
√ 启动倒计时，站回标记好的位置上，面对镜头，拍摄正面观（如图 5-3f 所示）。然后转身背对手机，拍摄后面观（如图 5-3g 所示）。最后分别转向左侧和右侧，拍摄两边的侧面观（如图 5-3h 和 5-3i 所示）。关闭计时拍摄（如图 5-3j 所示）。

拍摄完毕后，按照下列步骤为你的照片绘制参考线：

√ 在相册中打开拍好的照片（如图 5-3k 所示），点击"编辑"。
√ 点按右上角的"标记"按钮。
√ 选择右下方的"尺子"功能。
√ 用两根手指旋转尺子至 90°（垂直方向）（如图 5-3l 所示）。
√ 将尺子拖动到一个合适的位置上：
    – 正面观：尺子对准肚脐；
    – 侧面观：尺子对准股骨大转子；
    – 后面观：尺子对准两侧髂后上棘（即两侧腰窝）连线的中点。
√ 选择画笔，齐平尺子画一条线。

（a）将手机垂直放置于桌面高度

（b）退后两步，使整个身体进入画幅

（c）取出胶带

（d）在地上标记一个点

（e）将自拍倒计时设置为 10 秒

（f）面对摄像头，拍摄正面观

（g）背对摄像头，拍摄后面观

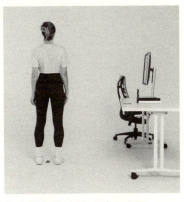

（h）面朝左侧，拍摄一侧的侧面观

（i）面朝右侧，拍摄另一侧的侧面观

（j）关闭计时拍摄

（k）确认自拍符合要求

（l）用两根手指旋转尺子至90°

图5-3　使用手机自拍体态评估步骤

这些线能沿水平方向和垂直方向分别将身体划分为两部分，以便你做出评估。在评估自己的后面观时，照片比镜子要有用得多。在观察自己的正面观时，无论是通过镜子还是照片，你第一个要注意的地方就是身体左右、上下的对称。但你在这里并不需要追求 100% 的完美对称，这个世界上也不存在绝对完美的对称。

通过观察自己的正面观和后面观，就以下各个问题进行评估：

√ 颈部是否向一侧倾斜或屈曲？

√ 躯干是否向某一侧旋转？

√ 某一侧的肩是否高于另一侧？或者某一侧的圆肩是否比另一侧更严重？是否存在翼状肩胛（一侧或双侧肩胛从后背上凸出）？

√ 最下方的肋骨是否外翻？某一侧的胸廓是否塌陷？

√ 上身与下身的比例是否协调？身体的左右两部分是否足够对称（没有明显偏向于某一侧）？

√ 一侧的髋关节位置是否比另一侧高？骨盆是否向某一侧旋转？

√ 膝关节在直立状态下是否能并拢？一侧或双侧膝关节是否内扣？

接下来再检视自己的侧面观。在评估侧面观时，你要想象一条空间中的基准线。这条线从上向下依次经过你的耳垂、肩膀的正中央、髋关节、大腿骨、膝关节稍往前的一个点，以及外踝（踝关节外侧的骨质部分）稍往前的一个点。如果上述几个点中的某一个或几个偏离了这条基准线，又或者身体两侧的侧面观不对称，你就有可能出现肌肉紧张、脊柱受压、柔韧性变差、关节受损或消化和呼吸功能受限等问题。

因此，你要以这条基准线作为参照，就以下各个问题进行评估：

√ 头部位置是否过于靠前（前倾）？

√ 肩膀位置是否过于靠前（圆肩）？

√ 中背部（脊柱胸椎段）是否过于后凸？

√ 腹部是否越过基准线而前凸？

√ 骨盆是否存在前倾或后倾？例如，腹部过于前凸、臀部过于后翘，或尾骨向前，仿佛"夹着尾巴做人"？

√ 膝关节是否略微弯曲（没有在站立时完全锁死或过伸）？

√ 两侧的足弓是否高度不一致？是否存在扁平足？

下面有一些运动小测试，可以从头到脚评估你目前的身体状况，并帮助你感受到活动受限的部位。这些小测试可以作为你执行第 6 章"获得健康体态的 12 个练习"和第 7 章"进一步提升活动度的泡沫轴训练"的前-后测。

颈部：保持直立站姿或坐姿，向后仰头，直至鼻尖指向天空，然后低头，直至鼻尖尽可能靠近胸口。回到中立位置，然后尽力向左侧和右侧转动头部，就像要仔细查看落在自己肩膀上的东西。如果在某个方向上感到明显的僵硬或疼痛，就要格外留意。例如，在将头部转向左侧的时候，你可能会感到颈部右侧紧张或颈部左侧僵硬（如图 5-4 所示）。

中背部：保持直立坐姿，双手交叉放在胸前。头部不要主动转动，以肩引导动作，将整个上身转向右侧。然后回到中立位，再转向左侧。如果在此过程中出现任何疼痛、不适或僵硬，就记下来（如图 5-5 所示）。

下背部：保持直立站姿，双脚并拢，脚尖指向正前方。俯身尝试触摸自己的脚尖。留意记录背部或腿部首次感到僵硬或疼痛时向下触达的位置（如图 5-6 所示）。

（a） （b） （c）

图 5-4　颈部活动

（a） （b） （c）

图 5-5　躯干旋转

(a)   (b)

图 5-6   触摸脚趾

髋部： 保持直立站姿，双脚分开与肩同宽。在屈髋的同时向后向下蹲，就像要坐到身后的一把椅子上。这个动作的关键在于从直立位置开始逐渐降低髋关节的高度，直至达到极限。不同的人在尝试此动作时的活动范围差异极大。在动作过程中记录出现僵硬和酸痛的所有部位，它们可能会出现在背部、髋部、大腿、膝关节和踝关节等位置。该动作用于测试和评估非常有效（如图 5-7 所示）。

踝关节： 面向墙站立，距离墙约 15 厘米，保持一侧的脚跟始终踩在地面上，同时尝试让这一侧的膝关节触及墙面。你可以用双手和另一条腿进行辅助。这个练习不是为了测试你的平衡能力，而是为了测试踝关节的可动域。如果你在练习过程中感到小腿前侧或后侧紧张、僵硬，就记下来。然后换另一条腿重复此练习（如图 5-8 所示）。

（a） （b）

图 5-7 深蹲

（a） （b）

图 5-8 踝关节活动度

骨盆的影响

骨盆前倾的人，其臀部看起来就仿佛向后撅出。在这种情况下，人的髋部前侧会整体前移、向下偏转，迫使髋部后侧上升。以基准线作为参照，我们能看到骨盆前倾导致腰椎曲度增大。当下背部的曲度变得过大时，人的腹部就会相应地向前凸出。

骨盆前倾或后倾会对我们的下半身产生怎样的影响呢？我们的髂腰肌会拉着骨盆向前侧移动，导致腹肌和臀肌的肌力变弱。从正面来看，前倾的骨盆会导致膝关节内扣，令足底内侧承受过多的体重，从而导致或加剧扁平足。骨盆后倾导致的问题与骨盆前倾刚好相反。骨盆会对人的整体体态产生影响，因此令骨盆回归正常的排列位置是改善体态的关键。

骨盆前倾可能造成的影响

骨盆持续前倾会影响人体的生物力学结构，导致体态产生如下变化：

- √ 腰椎曲度增大。
- √ 髋部和核心肌力减弱。
- √ 膝关节内扣（也叫膝外翻）加剧。
- √ 足部旋前（足弓更易塌陷，变成扁平足）加剧。

骨盆前倾通常会导致身体重心整体前移。关节活动度较高但腹肌力量较弱的人尤其容易出现骨盆前倾，进而增加身体下段受伤的风险。为了解决这种"高活动度＋弱核心"的问题，我通常会推荐患者进行专门的核心训练，以便让脊柱重获平衡。四点式平板支撑就是一种非常好的核心训练。

骨盆后倾可能造成的影响

骨盆持续后倾也会影响人体的生物力学结构，导致体态产生如下变化：

√ 头部前倾（脖子前伸）加剧。

√ 胸椎曲度增大（即变得驼背）。

√ 腰椎曲度增加（弯腰）。

√ 足部旋后（高足弓）加剧。

骨盆后倾还会伴随臀大肌和腘绳肌紧张，从而加剧对腰椎的挤压。这种体态能增加人的稳定性，代价则是降低脊柱的整体活动度，并且导致整个背部的紧张。由于骨盆后倾的表现主要是"紧"，所以解决问题的关键在于活动度训练。本书第 6 章的"练习 1：身体变速箱"就是一个很好的例子。

第 6 章

获得健康体态的
12个练习

SIT UP
STRAIGHT

生命的意义在于运动得足够快，你的身体不应该拖慢生命的速度。你必须每天保养自己的身体，就像每天刷牙、定期保养车一样，否则身体最终就会垮掉。我将在本章教你 12 种练习，它们基本上都是多关节、多肌群的动作。每天刷牙能保护你的牙齿和牙龈免于受损。同理，你也应当像刷牙一样，每天从事这些练习，这样你的身体就能得到足够的保护，免受不良体态导致的伤病影响。基本要求说明如下。

关于着装：本章列出的练习都是为了提高你的活动度，增加你的关节活动范围，因此在训练时应尽量穿着运动短裤和短袖一类轻便的服装，以便肢体自由活动。

关于运动装备：本章列出的 12 种练习无须任何专业健身器材。某组训练中的某个动作可能会用到一条毛巾。除此之外，你只需要准备一块空地、一张桌子和一面空白的墙，以及你自己的身体。理论上你可以在地球表面的任何一个地方进行练习。

关于热身：你在进行本章的练习之前无须任何热身，这些练习本质上就是热身。在练习过程中，你的血液会快速流向身体各处，你的关节会得到充分的舒展，你的身体也会随之变得更加灵活。

关于训练频率：你应该每天至少做一遍本章的这些练习（当然，一天多做几遍也没问题）。这些练习能帮助你增加和维持关节活动范围、重塑神经系统，并改变你的某些不良体态习惯。

关于重复次数：本章涉及的每个动作，建议你重复 8 ～ 12 次。每个动作的持续时间至少应达到 1 ～ 2 秒或 1 或 2 次呼吸的时间。动作不宜过快或过慢，而应保持稳定的速率、一致的节奏和必要的流动性。在训练时应当始终有意识地控制自己的动作，而不要像做 CrossFit、冲刺跑或跳箱那样猛然发力。

关于持续时间：活动度训练不应该占用太多时间，我给你的计划也不例外。你应该能在 15 分钟内完成一遍本章的所有练习。在熟悉这些动作后，你也可以对其进行一些修改或增删。如果你只练习自己需要的动作，那么每天花 5 ～ 10 分钟就足够了。

关于循序渐进：从一开始就把这 12 种练习从头到尾地做完当然很好，但是要做到可能也有点困难。许多人每次参加训练课只能掌握少数几个新动作。如果你也是这样，那么千万别勉强自己。你可以第一次只花 5 分钟，充分学会前两个练习，下一次再学两个练习。循序渐进有助于你充分掌握动作要领，并保证训练质量。

关于偶尔"忘记训练"：如果你某一天"不小心"忘记做这些练习，也没什么大不了。养成一个新的习惯需要时间，过程中总会有反复。不必苛责自己，也不能半途而废。总有一天你会养成习惯，到时候你自然会记得每天训练。我们会在本书第 11 章再次讨论这一点。

关于训练安全：你在做本章的练习时不应让自己的身体产生明显的疼感，即不要在训练中给自己的身体造成过大的压力，也不要冒进到一个你之前无法达到的关节活动水平。此外，你还应该保证训练环境足够安全。例如，你的平衡能力较差，那么最好在墙边安装一个扶手或在身后准备一把椅子。

练习 1：身体变速箱

（全身动作，持续时间约 1 分钟）

问题描述

当我评估某人的体态时，我总会优先关注三个部位：头部、胸廓和骨盆。我曾有幸与加里·沃德（Gary Ward）共事，他是我非常尊敬的一位运动专家。他教导我要将人体看作一个整体的大系统，留意主要关节"牵一发而动全身"式的相互影响。我现在的工作框架就是受他的启发而确立的。

头部、胸廓和骨盆三者有着密切的关联，就像汽车变速箱里的齿轮，将动力依次传递出去。我们在行走过程中，头部和骨盆总是朝同一个方向运动，胸廓则是朝相反的方向运动。这种动力模式驱动着我们向前行走。如果三者有一者偏离正轨，身体排列就会发生改变，导致另外两者做出代偿。这套"身体变速箱"训练的目的就是帮助我们建立并调整头部对胸廓的影响模式，进而影响到骨盆，当然，也会涉及方向相反的传递链。

解决方案

身体变速箱练习会用到整个身体。它是一套很好的训练，也是一种很好的体态评估工具。它既能帮助你提高对身体动作的感知能力，又能让你的身体活动更加轻松。重复练习这套动作，你会变得越来越熟练，动作也会越来越流畅。在进行训练的过程中，你需要将身体的各部分视为变速箱里的齿轮：当其中一个齿轮（如骨盆）动起来的时候，另外两个齿轮（头部和胸廓）也一定会跟着运动。你的训练目标则是提高这三个部分彼此"分离"的能力，就像你踩下离合器踏板换挡那样。

你越是能够顺利地完成这组练习，你的柔韧性和对肌肉的控制力就越好，你的日常活动（如走路或跑步）效率也会得到提升。

矢状面动作（侧面观）：

1. 保持直立，双臂自然下垂于体侧（如图 6-1a 所示）。

（a）起始位置　　　　（b）骨盆后倾，双臂前伸，　　　（c）骨盆前倾，双臂向后打开，
　　　　　　　　　　　　大拇指向下，胸椎屈　　　　　　手掌朝上，胸椎伸

图 6-1　矢状面动作（侧面观）

2. 双臂向正前方平举，大拇指向下，骨盆后倾。此时你的胸椎会做一个屈的动作（向后凸），头部也会向前伸出，呈"趴在办公桌上对着电脑打字"的状态。此时你的足部会旋后（足部内收，脚掌弯曲并内翻），双膝会稍稍向外分开（如图 6-1b 所示）。

3. 骨盆前倾，双手手掌朝上，手臂向后外展打开。此时你的胸椎会做一个伸的动作（向前顶），同时下颌会收紧，且足部会旋前（旋前即足部外展，足背屈起并外翻，如图 6-1c 所示）。

4. 每 2 秒钟在步骤 2 和步骤 3 之间做一次切换。

冠状面动作（正面观）：

1. 保持直立，双脚与肩同宽，双臂自然下垂于体侧，双眼固定直视正前方（如图 6-2a 所示）。

2. 主动向上提起右侧髋部，除此之外不做任何其他主动的动作。在提起右侧髋部时，你的躯干会自然向右侧倾斜，头部则会有向左倾斜的趋势。不要刻意对抗这种趋势，但要保持头部和颈部的相对固定，不要向侧面屈曲或扭转颈部，这样头部只会出现相对轻微的位移（如图 6-2b 所示）。

3. 回到起始位置，然后主动向上提起左侧髋部（如图 6-2c 所示）。如此一左一右交替动作，每 2 秒钟一次。

这个动作需要你交替提起两侧髋部，因而也可以用于评估哪一侧的髋部更紧张。持续进行本章的 12 个训练，这种不平衡就会逐渐消失。不要太在意自己的动作是否对称、完美。我从事物理治疗工作已经 14 年了，每天做这个练习，仍然会感到某一侧相对于另一侧有些许差异。

（a）起始位置　　　　　　（b）提起右侧髋部　　　　　（c）提起左侧髋部

图 6-2　冠状面动作（正面观）

水平面动作：

1. 保持直立，双脚分开与肩同宽。双臂交叉抱胸，手掌平贴于胸前（如图 6-3a 所示）。

2. 左脚上前一步，同时向左侧旋转躯干（如图 6-3b 所示）。在旋转躯干时，你的头部和上身会向一侧运动，而骨盆会向相反的一侧运动，这就是所谓的"旋转"动作。注意保持你的头部和上半身的排列，不要让它们分别朝向不同的方向。

3. 回到起始位置，然后换右脚上前一步，并向右侧旋转躯干（如图 6-3c 和 6-3d 所示）。

4. 如此左右交替动作，每 2 秒钟一次。

（a）双臂交叉抱胸，左脚上步

（b）向左侧旋转躯干

（c）右脚上步

（d）向右侧旋转躯干

图6-3　水平面动作

练习2：颈椎屈伸

（脊柱颈椎段动作，持续时间约30秒）

问题描述

　　一切体态问题最终都会影响颈椎。颈椎的结构精细复杂，其既需要提供稳定性，又需要保持灵活性。为了同时满足这两方面的要求，人的颅骨、7节椎骨，以及颈部的诸多小肌肉、小关节必须实现高度的协同一致（见图6-4）。头颈部的许多运动始于颅底和最上部的两节椎骨（寰椎和枢椎），它们共同构成了上段颈椎。上段颈椎包含两个重要的关节，分别是连接寰椎和枕骨的寰枕关节（C0-C1），以及连接最上面两节颈椎的寰枢关节（C1-C2）。头部的屈伸（如点头）能力及颈部50%的旋转幅度都来自上段颈椎，剩余50%的旋转幅度则来自下面的5节颈椎。

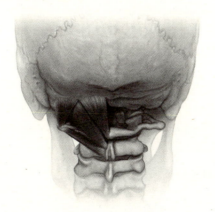

图6-4　颅底的肌肉群

　　我们前面提到过"科技颈"，对其更加科学的描述是这样的：颈椎上段过伸，同时颈椎下段过屈。这会导致颅骨在寰枢关节后移，导致下巴向前探出（注意寰椎和枢椎本身是不会有伸展运动的，二者的主要功能是令颈椎旋转）。这种位置的改变会导致颈部受到极大的张力。

解决方案

解决"科技颈"最好的训练动作就是"收下巴"。该动作可以强化并拉伸颅底及颈部深层的肌群，其基础版本如下。

1. 坐在椅子上，背部挺直，膝关节呈 90° 屈曲，双脚平放于地面，视线固定朝向正前方（如图 6-5a 所示）。

2. 轻轻地向后收下巴（下颌骨朝颈椎的方向运动），持续这个动作 2 秒钟（如图 6-5b 所示）。

3. 在下颌回收幅度达到最大后，屈颈椎，使头部逐渐后仰，就像目送一架飞机起飞。

4. 将注意力集中在下段颈椎的运动上。

5. 在保持舒适的前提下，令头部后仰幅度达到最大，并在此位置上保持 3 秒钟（如图 6-5c 所示）。

6. 用 2 秒钟的时间回到起始位置。

如果这个版本对你来说过于简单，也可以尝试其进阶版本（如图 6-6 所示）。[1]

---

[1] 在该练习中，你需要一条柔软而结实的毛巾，双手拉着毛巾对颈部施加阻力，在后仰时对抗该阻力。——译者注

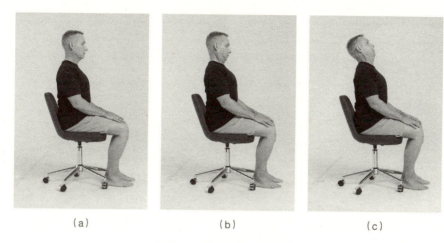

(a)   (b)   (c)

图 6-5 "收下巴"训练基础版

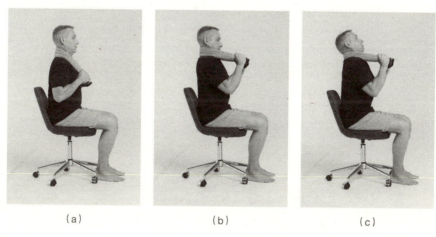

(a)   (b)   (c)

图 6-6 "收下巴"训练进阶版

练习 3：胸椎旋转

（脊柱胸椎段动作，持续时间约 1 分钟）

问题描述

如果你每天大部分时间都在坐着上班，或者像我一样，在隔离期间经常瘫坐在家中的沙发上办公，你的胸椎就会僵硬得像块钢板。脊柱的胸椎段由 12 块椎骨构成，上承颈椎，下连腰椎。上背部（胸椎的上半段）从颈根向下延伸到肩胛骨的中部，长期伏案工作的人容易在这一区域出现疼痛或紧张。

从功能上来说，胸椎承担了人体后侧链中段屈（向前弯曲）和伸（向后弯曲）的功能。双手高举过头的动作（如在篮球场上抓下篮板球，再把球收回到胸前）离不开胸椎的参与，胸椎同时还承担了躯干左右转动的功能。躯干若只能前后摆动，就称不上足够灵活。每两节胸椎在屈和伸的同时还能转动一定的角度，这才是胸椎段完整的活动范围。拥有这样的活动范围对我们来说至关重要：为了应对各种突发状况，我们需要让躯干随时在不同的平面上朝不同的方向转动。

我们的每一节胸椎都对应连接着一对肋骨，因此胸椎段的活动度本身就受到一些制约。如果我们希望增加胸椎的活动度和柔韧性，就应该同时留意自己的胸廓。

缺乏保养的胸椎段会迅速引发各种问题。上背部疼痛最常见的成因就是胸椎后凸，即胸椎向后的生理曲度过大，呈龟背状态。胸椎后凸也是头部前倾及上交叉综合征的诱因之一。上交叉综合征中的"上"代表身体的上部，即颈部、上背部、胸部和肩部；"交叉"则意味着从侧面来看，过分紧张和无力的肌肉构成了一个"X"形的模式。这种模式源自我们之前讨论过的体态：圆肩，头部前倾，颈部前伸，上背部弯曲。上交叉综合征通常还会伴随一定程度的肱骨前移，即手臂不再自然下垂于体侧。在这种体态下，上背部的肌肉会变得无力，而颈部和胸部的肌肉则会变得过度紧张。

胸椎段正常的生理曲度能保证胸椎段竖脊肌群承受合理的负荷，维持脊柱整体的生物力学结构。这个曲度变得过大，就是脊柱后凸或驼背。驼背会导致胸廓塌陷，并使腹肌缩短、过紧，头部就会受到牵拉而前倾，整个人变得佝偻起来。与之相反，胸椎曲度消失、变平（即俗称的"军姿背"）会使脊柱伸肌群过紧，导致肌肉疲劳或痉挛，脊柱就会承受过大的压力。

胸椎段的曲度异常或病变会进一步导致以下问题或症状表现：

√ 颈部疼痛。

√ 下背部疼痛。

√ 肩部疼痛及肩部功能退化。

√ 胸廓出口综合征（由胸椎上段和颈椎下段压缩引起的疼痛、麻木、刺痛和无力）。

√ 呼吸变浅、效率降低。

√ 弯腰驼背的外观。

解决方案

大多数人通常不会用到胸椎的完整活动范围，也很少练习在多个平面上的运动。因此这里我选择的练习将同时包括胸椎的屈伸和旋转动作。该练习的基础版本如下。

（a）   （b）   （c）

图 6-7　胸椎的屈伸和旋转基础版

1. 双脚与肩同宽，左腿上前成弓步（如图 6-7a 所示）。

2. 左臂伸直上举，指向正上方，同时右臂向前抬平，手掌朝上（如图 6-7b 所示）。

3. 身体右倾，右臂保持伸直，向左侧越过身体中线，带动躯干向左侧旋转。此时不要弯曲肘关节，保持运动趋势，令髋关节及以上的部分都充分参与活动。在动作幅度达到最大后，保持 2 秒钟（如图 6-7c 所示）。然后还原到图 6-7b 的姿势。

4. 重复上述动作 10 次，然后换成右腿在前的弓步，右臂伸直上举，指向正上方，左臂向前抬平。

5.身体左倾，左臂向右侧越过身体中线。动作过程中同样要保持手臂伸直，不要弯曲肘关节。

在该练习的进阶版本中，你的双臂要同时朝一个方向运动。

1.双脚仍然呈左弓步站立（如图 6-8a 所示）。

2.双臂伸直，指向右下方。然后双臂同时向左上方抬起，越过左肩，就像从地面上举起一个重物，并沿对角线越过左肩（如图 6-8b 所示）。在动作幅度达到最大后，保持 2 秒钟，然后还原到图 6-8a 的姿势。

3.重复上述动作 10 次，然后左右交换，完成另一侧的 10 次动作。

（a） （b）

图 6-8 胸椎的屈伸和旋转进阶版

练习 4：背阔肌动态拉伸

（背阔肌动作，持续时间约 1 分钟）

问题描述

奥运游泳冠军迈克尔·菲尔普斯（Michael Phelps）拥有鬼斧神工般的"V"形后背，不知你是否留意过。他的背阔肌着实发达。人类的背阔肌会参与每一个"将物体拉向自己身体"的动作，因而宽广而发达的背阔肌对游泳、力量举和攀岩等运动来说是不可或缺的。

同时，背阔肌还会影响我们抬起手臂的动作，或者说，它的延展性决定了我们能把手臂举到什么高度。想象一下，如果游泳运动员的背阔肌过度紧张，他们就不可能将手臂高举过头，充分完成划水动作，甚至可能直接被肩伤击倒。弯腰驼背的人肩部的活动性会受到影响，也是同样的道理。接下来的这组动态拉伸训练将有助于热身，并提高肩关节的活动度。

解决方案

这个训练主要是针对背阔肌的，不过如果动作正确，你从髋部直到肩部都会有明显的拉伸感。

1. 找一张稳固的桌子或椅子，面对其站立。膝关节和腰椎可以微屈。

2. 髋部做铰链动作（屈髋），臀部向后坐，上身保持挺直。双手向前抓住桌子或椅子的边缘（如图 6-9a 所示）。

3. 拉伸右侧背阔肌。此时保持右手固定，将身体重心移到右侧髋部。

此时你的左腿会自然伸直，右膝的屈曲则会增加。

4.在身体重心向右侧转移达到最大限度时，松开左手，从右臂下方向右侧穿出。此时头部会转向身体右侧（如图 6-9b 所示）。在这个位置上保持 3 秒钟。

5.还原到图 6-9a 的姿势，然后重复上述动作 10 次。每次在动作幅度达到最大后保持 3 秒钟。这样就完成了一组拉伸。每次训练可以做 3 组。

6.左右交换，换左手抓住桌子或椅子，然后用右手引导动作，拉伸左侧的背阔肌。重复 10 次，每次保持 3 秒钟。每次训练可以做 3 组。

（a）

（b）

图 6-9　背阔肌拉伸动作

背阔肌其实是一个很大的肌肉群。你在做这个拉伸训练时可以按上述动作节奏，每次保持 3 秒钟，重复 10 次，这样相对更加动态。你也可以采取更慢的节奏，每次在动作幅度最大处保持 30 秒钟，每侧重复 3～5 次。如果你打算练划船或引体向上之类的动作，这个动态拉伸训练就是很好的热身。

该动作还有一个进阶版本：用右手抓着桌子或椅子，将身体重心转移到右侧髋部之后，可以用左手做一个弧线的穿出动作，其运动轨迹就像一个"勺子"。

练习 5：体侧屈

（脊柱腰椎段动作，持续时间约 1 分钟）

问题描述

我们在前面谈到过，腰椎的生理曲度方向与胸椎正好相反。腰椎段包括 5 节椎骨，能屈、伸、侧屈和旋转。腰椎上连接着一些重要的肌肉，这些肌肉同时也会影响骨盆、胸椎、胸廓和腿部的排列。腰椎段功能异常是下背部出现疼痛的一个重要原因。

在看到"上交叉综合征"这个词的时候，你可能会好奇地猜测，是否也存在相应的"下交叉综合征"。你的猜测是对的。下交叉综合征意味着腹肌和臀大肌的无力，以及髂腰肌和腰椎段竖脊肌群的紧张。这种肌肉无力和过紧构成的失衡会导致体态不良，甚至破坏身体两侧的对称。常见的情况之一就是一侧的髋关节比另一侧高，这种体态常被误称为"长短腿"。另一种常见的情况是臀大肌过紧，导致臀部活动受限，并产生僵硬和疼痛感。上述这些问题不仅会影响我们的坐姿和站姿，降低我们日常体育运动能力，甚至会引发身体器官加速衰弱或慢性疼痛。

解决方案

当我们一侧的下背部或髋部的感觉与另一侧明显不同时，要及时将受影响的、较紧张的一侧的活动范围与相对"健康"的另一侧进行对照。可以采取如下方式进行自查。

1. 在站立状态下做体前屈动作，尝试触摸自己的脚趾。记下动作过程中感受到的疼痛或紧张。

2. 身体向左做侧屈，左手尝试向下触摸自己的左膝；记下动作过程中感受到的疼痛或紧张。

3. 身体向右做侧屈，并做记录。

当你找到容易紧张或疼痛的区域后，就可以做下面这个训练进行改善了。该训练有助于打开你的髋部和臀部。我比较喜欢在弓步状态下做这个训练，这样能模拟我们走路时的动态。

1. 左腿向前上步，双腿成弓步站立（如图 6-10a 所示）。

2. 将身体重心逐渐转移到左腿，并将左髋向外顶，直至髋部和臀部出现充分的拉伸感（如图 6-10b 所示）。

3. 还原到图 6-10a 的姿势。

4. 重复上述动作 10 次，然后左右交换，再重复 10 次。

该动作的进阶版本如图 6-10c 所示，即把前腿的同侧手高举过头顶，并将对侧手放在髋部。当你将身体重心转移到前腿髋部时，举起的手臂会自然弯曲，随身体向对侧屈曲。这个动作会稍微难一些，能够增加臀部的拉伸感——当然，你可能主观上会感觉到，同侧的背阔肌或对侧的大腿内收肌也得到了拉伸。在做这个训练时，你可能还会感觉到某一侧的拉伸感明显强于另一侧。健康体态训练计划的长期目标之一就是矫正这种两侧的不平衡。

（a）起始姿势

（b）将左侧髋部向左侧顶出

（c）在顶髋的同时举起左臂

图 6-10　打开髋部和臀部的训练

练习 6：麦肯锡伸展

（脊柱腰椎段和腹部筋膜动作，持续时间约 30 秒）

问题描述

下背部的重要性不言而喻，因此我们需要给它更多的关注。久坐容易导致脊柱过屈，同时令腹部的肌肉和筋膜缩短、紧张。有时候我们怀着美好的愿望做了一些错误的训练，也会导致同样糟糕的后果。例如，成千上万的人抱着一种错误的观念，以为仰卧起坐能帮助自己练出六块腹肌。殊不知，仰卧起坐的副作用之一正是令腹部的肌肉和筋膜过紧，并且让练习者更倾向于弯腰驼背，而二者都是背部疼痛的诱因。躯干和髋部同时屈曲是最容易导致腰椎间盘突出的动作模式。怎么样，你还打算继续狂练仰卧起坐吗？

解决方案

如前所述，脊柱屈（向前弯曲）的动作模式会对椎间盘造成额外的压力。如果椎间盘已经开始受损，那就是雪上加霜。因此，若想缓解疼痛，扭转椎间盘突出的趋势，我们就必须做一些脊柱伸（向后弯曲）的训练。首先，我们可以通过下列步骤进行自测。

1. 双脚并拢站立，身体挺直，膝关节伸直，双手放在下背部，向后做脊柱伸（后仰）的动作。

2. 如果在动作过程中感受到背部不适，记下自己开始感到不适的位置。

3. 在下面的练习结束后，你可以用上述动作再做一次作为后测，并对比前后两次自测结果。通过训练，你应该能增加活动范围，并减少疼痛。

这个练习被称作麦肯锡伸展，与瑜伽中的"上犬式"（Upward-Facing Dog）很相似。该动作的目的在于对抗脊柱屈导致的压力，缓解（甚至逆转）脊柱屈引起的椎间盘膨出或突出。

1. 面朝下趴在地上，髋关节前部接触地面，两侧前臂置于体侧（如图 6-11a 所示）。

2. 用手臂将上半身慢慢撑起，同时保持背部肌肉放松（如图 6-11b 所示）。在撑起的过程中呼气。随着脊柱向后弯曲，下半身应当保持放松的状态。

3. 以手臂支撑，逐渐放低身体，回到图 6-11a 的趴伏姿势。

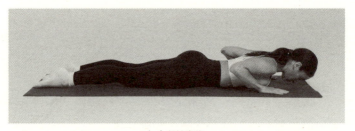

（a）起始姿势

（b）用手臂将上半身慢慢撑起

（c）动作幅度达到最大（开始感到受限）

图 6-11　麦肯锡伸展

4.每次重复此动作时，尽量尝试动作最高点比上一次更高（如图6-11c所示），但不要使用背部或髋部肌肉发力。

如果你已经有骨盆前倾的问题，那么你在起始姿势状态下臀部会向上撅起。此时你的腰椎已经有了伸的动作。为了保证训练完成的质量，你最好在骨盆下面垫一个支撑物（如枕头）。

如果想增加一点动作的难度，你可以在撑起上身的时候尝试完全将手臂推直，这样脊柱伸的幅度会进一步增加，关节活动度也会进一步扩大。

练习7：髂腰肌全向拉伸

（髂腰肌动作，持续时间约1分钟）

问题描述

两个髋关节是人体的要冲，但经常会被忽视，所以在这里我要再强调一遍。髋关节位于身体中段，是维持平衡和稳定的中流砥柱。人体的绝大多数活动都离不开髋关节的参与或支持。髋关节活动受限或出现损伤不仅会让人感到不适，还会引起身体其他部位的剧烈疼痛，尤其是下背部的疼痛。髋关节无法正常运转，人的整体运动表现和稳定性也会大打折扣。

所谓"髂腰肌"，其实是腰大肌和髂肌两块 肌肉的合称，它影响着下背部和骨盆的运动。髂腰肌整体附着于脊柱腰椎段前侧，向下越过骨盆，另一端连接到大腿股骨。久坐会导致髂腰肌紧张。当人体的其他核心稳定肌无法正常工作时，髂腰肌就会被迫代偿，成为核心肌群的替代者。在此种情况下，髂腰肌会令骨盆过度稳定，将腰椎和骨盆拉向前方，导致骨盆前倾。如果你在坐下或蹲下的时候感到髋部前侧"发紧"，或者在起身和摸高的时候感到背部疼痛，那就是髂腰肌紧张惹的祸。

解决方案

1.左腿上步，双腿成弓步站立。右臂弯曲，右手抬起。注意力集中于右腿前侧的髂腰肌群（如图 6-12a 所示）。

2.右臂上举过头顶，直指向正上方（如图 6-12b 所示）。

3.将重心逐渐转移到左腿上，同时保持右膝伸直锁死，右脚跟自然抬起。左臂侧平举，手心向上（如图 6-12c 所示）。

4.右手保持指向正上方，在上半身旋转到最大幅度时体会右侧髂腰肌群的拉伸感。

（a）起始姿势　　（b）右臂上举　　（c）左臂侧平举　　（d）加入旋转的
　　　　　　　　　　　　　　　　　　　　　　　　　　　　进阶动作

图 6-12　髂腰肌训练

为了进一步提高拉伸效果，你可以在动作过程中将右侧髋关节向下压，同时侧平举的左臂带动整个躯干向左侧旋转。这样就会构成一个多平面的全向拉伸动作（如图 6-12d 所示）。

练习 8：髋部拉伸

（髋部外旋 / 内旋肌群动作，持续时间约 1 分钟）

问题描述

我们在日常活动（如坐下）或运动训练（如深蹲）时都可能遭遇髋关节弹响，或者说股骨-髋臼撞击。一般的教练或医生会建议我们拉伸臀肌。不过很遗憾，许多臀肌拉伸并不能真正解决髋关节弹响的问题。解决问题的关键在于改善髋关节的旋转动作。

这件事听上去很复杂，但我们只需要明白两个简单的概念。我们在站立的状态下将足尖转向身体的中线，即"鸽子脚"，就是在做髋关节内旋。反之，我们将足尖向外转，远离身体的中线，即"鸭子脚"，就是在做髋关节外旋。髋关节的弹响通常来自内旋受阻，医生通常也会使用内旋动作来检查可能的髋关节损伤。然而，一般的臀部拉伸动作刚好与内旋的肌肉群无关。

解决方案

以下这个髋部拉伸训练的主要目的是增加髋关节内侧的可动域，缓解髋部的紧张。前测动作如下。

1. 仰卧并平躺，抬起左膝，尽量让其靠近左侧胸大肌。

2. 换右腿重复上述动作。

3. 如果上述动作过程中你的背部并未离开床面或地面，也未出现髋部前侧的紧张感，你就不必担心自己有髋关节弹响问题。

4. 如果在上述动作过程中感到紧张，就记录下紧张感最初发生时的活动范围。

5. 在完成下面的练习后，你可以再次重复上述动作，以此作为后测。你的髋部紧张可能会解除，或者你可能在感到紧张之前增加了髋关节的活动范围。

这个练习的重点在于髋关节的内旋。

1. 双脚开立，与肩同宽。双手叠放于胸前（如图 6-13a 所示）。

2. 拉伸右侧髋部。左脚上前半步，脚尖指向正前方。右脚的脚尖向内侧旋转约 45°（如图 6-13b 所示）。

3. 保持双脚位置不动，躯干向右旋转约 45°，同时屈左膝，左肩下沉，右肩抬起，指向天花板的方向（如图 6-13c 所示）。

4. 在动作过程中，右腿始终保持伸直。此时你应当感到右侧髋部有明显的拉伸感。

（a）起始姿势　　　　　（b）右脚内旋，准备拉伸　　　（c）屈左髋，躯干向右旋转
　　　　　　　　　　　　　右侧髋部

图 6-13　髋关节的内旋训练

练习 9：下肢时钟

（腿部动作，持续时间约 1 分钟）

问题描述

　　以弯腰驼背的姿势久坐，就等于长时间将骨盆置于后倾状态，这会导致腘绳肌过度活跃，进而增加下背部疼痛的风险。如果你平时经常跑步，就应该明白臀中肌（髋外展肌之一）的重要性，也应该很熟悉膝关节疼痛造成的困扰。另外，跑步者的内收肌群其实也很容易过劳。

　　肌力不平衡会显著影响日常活动。我们来举个更简单的例子。你是否总是习惯于某一条腿的"稍息"站姿呢？这个看似无害的习惯，实际上反映着骨盆潜在的不平衡。这种站姿体现着我们上面提到的所有问题：总是把重心过多地压在某条腿上，你的整个身体都会相应做出代偿。如果你不信的话，就走两步试试看。

"走两步"就是我们的前测，这并不是开玩笑。你需要做的就是走一段路，然后对比两条腿的感觉是否有差异。例如，你的股四头肌是否感到紧张？或者某一侧的腘绳肌是否比另一侧更紧？我在练完腿之后就会很清楚地体验到这些感受。记下你的测试结果，在完成下面的练习后，可以再走一圈作为后测。

解决方案

我们可以按照时钟的方位来理解下面这个练习。

1. 保持直立，双臂自然下垂于体侧，双脚打开与肩同宽（如图 6-14a 所示）。

2. 左脚向 6 点钟方向（正后方）退一步，保持右腿伸直，俯身尝试以双手触摸自己的右脚尖（如图 6-14b 所示）。此时你应当感到右侧大腿腘绳肌和小腿后侧有明显的拉伸感。

3. 回到 6-14a 的起始姿势。

4. 左脚向 7 点半方向（左后方）退一步（如图 6-14c 所示）。再次俯身尝试以双手触摸自己的右脚尖。此时你应当感到右腿后侧和内侧有明显的拉伸感。

5. 回到图 6-14a 的起始姿势。

6. 左脚向 9 点钟方向（左侧）横移一步，然后躯干向左平移（如图 6-14d 所示）。此时你应当感到右腿内侧有明显的拉伸感。

7. 回到图 6-14a 的起始姿势。

8. 右脚向 12 点钟方向（正前方）上一大步。

9. 身体重心随右脚向前移动，此时你应当感到左髋部前侧有明显的拉伸感。

10. 回到图 6-14a 的起始姿势。左右交换，以右脚引导，按相反方向重复上述动作。

（a）起始姿势　　　（b）6 点钟位置的动作　　　（c）7 点半位置的动作　　　（d）9 点钟位置的动作

图 6-14　下肢时钟训练

练习 10：屈髋上肢时钟

（身体后侧链训练，持续时间约 1 分钟）

问题描述

人体的后侧链主要由背阔肌、臀肌、大腿腘绳肌和其他一些位于身体后侧的肌肉组成。这些肌肉帮助我们完成屈髋（铰链）、下拉和上举的动作。后侧链同时也参与大量的日常活动，在走路和跑步的过程中为我们提供推动力。改善后侧链的力量和活动度有助于预防下背部疼痛。后侧链对我们的身体如此重要，以至于任何功能问题都会导致相当严重的后果。例如，后侧链肌肉的活动度下降很容易导致链条上最弱的环节出现紧张，而这个最弱环节通常就是我们的下背部。

后侧链的功能失调很容易引起或加剧坐骨神经痛。坐骨神经被许多层筋膜覆盖，如果后侧链的某些肌肉（特别是腘绳肌或梨状肌）过于紧张，坐骨神经在经行这些肌肉时就会遭到卡压。沿腿后侧发生的放射状疼痛或足部刺痛，往往就是坐骨神经遭到卡压造成的。

解决方案

首先来做一个前测：双脚并拢，做一次站立体前屈，尝试用手触碰自己的脚趾。记录下出现紧张感的位置，如中背部、下背部或腿后侧，具体情况可能因人而异。这些部位都位于你的后侧链上。在完成下面的练习后，你可以再做一次体前屈作为后测。此时你可能发现自己的活动度增加或紧张感减轻，也可能二者皆有。按照下面的步骤进行练习。

1. 双腿前后开立，两侧膝关节均保持伸直。双臂在身前伸直，双手并拢，指尖指向地面（如图 6-15a 所示）。

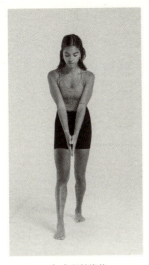

（a）起始姿势 　　　　　（b）12 点钟方向 　　　　　（c）11 点钟方向

（d）1 点钟方向 　　　　　（e）12 点钟方向的变体动作示意

图 6-15　站立体前屈训练

2. 屈髋，双手向下伸展，尝试触碰前脚的脚趾（如图 6-15b 所示）。

3. 保持双手并拢，从内向外围绕前脚划出一条圆弧。这里可以再次用时钟标记方位：从前脚的 11 点钟位置开始（如图 6-15c 所示），经过 12 点钟位置，最终到达 1 点钟位置（如图 6-15d 所示）。

之后，你可以交换两只脚的位置，重复上述练习。你也可以在屈髋时只保持前腿膝关节伸直，后腿屈膝（如图 6-15e 所示）。

练习 11：足部旋前-旋后

（足部训练，持续时间约 1 分钟）

问题描述

足部是维持良好体态的又一关键，同时也是最容易被忽视的部分。我们的每只脚由 26 块骨骼、30 个关节，以及超过 100 块的肌肉、肌腱和韧带组成。它们构成一个精密的整体，支撑体重、保持平衡，并提供足够的灵活性。我们的脚必须足够灵活且柔软，这样才能每天成千上万次地吸收自重（甚至是好几倍自重）带来的冲击力。同时，它又必须足够结实且稳固，这样才能驱动我们的身体走路或跑跳。

我们的足部分布着大量的神经末梢，其密度高于身体的其他任何部位，从这个意义上来说，脚其实也算一个感官，时刻向身体和大脑传递大量重要的信息。

我们的足部既要应对来自上方的压力，又要处理来自下方的反作用力。其中起到核心支撑作用的结构是足弓，它会随着足部的旋后动作升高或随着足部的旋前动作降低。[①] 足弓过高或过低都会造成问题。

鞋里的一颗小石子就足以改变人的体态和步伐。这句话一点都不夸张，有时候甚至一颗小沙粒就够了。我们的足部有多达 30 个关节，其中任何一个关节出现问题，都会引起一系列连锁反应，导致整个足部的旋后和旋前动作发生改变，进而整体上影响体态。

许多人在成年后都会受到足部疼痛的困扰，原因之一在于童年时期所穿的鞋（及其磨损的模式）会影响足部的生理结构。鞋子越是华而不实（如那种超高的高跟鞋），其人体工学特性就越糟糕。作为一名平底鞋的死忠粉，我甚至一想到高跟鞋就觉得脚痛。如果你有高足弓或扁平足，你多半接触过一些特制的鞋子或鞋垫，这些产品或许有助于缓解疼痛或功能异常。当然，还有一些足部异常者可能得使用专门的足部矫形支具。

解决方案

在过去这些年里，我通过传授足部训练和教授正确的走路步态，解决了无数人的膝关节问题。如果你能在走路时让足部遵循正确的旋前和旋后动作，那我敢打包票，许多相关的健康问题（包括疼痛）一定能不药自愈。

首先还是进行一个前测。虽然理论铺垫很多，实际的操作却非常简单。你只需在家里光着脚走几步，感受一下自己的体重在足底的分布。也许你某一侧的足跟承担了更多的体重，也许你在走路时习惯用左脚的外侧和右脚的内侧受力。通过这样的测试，你可以对自己的走路习惯有一个直观的感觉。你可以多走几趟，体会一下每次的感觉有何不同。

---

① 足部的旋后和旋前是以后足跟骨作为参照基准的复合运动。足旋后意味着绷脚尖（跖屈）、足跟骨向身体中线方向运动，而且足底内翻；足旋前意味着勾脚尖（背屈）、足跟骨向远离身体中线的方向运动，且足底外翻。——译者注

下面这个练习适用于所有人。无论你是高足弓还是扁平足，喜欢吃奶酪还是不喜欢，豆腐脑喜欢吃甜的还是喜欢吃咸的……都没关系。你需要让自己的双脚习惯于各种不同的运动模式。如果你总是使用足底的某一部分承受压力，那么其他部分就会变得无力。你如果想变得更健康，就必须补上自己的短板。

每个人的足底状况都不同。你在做练习时可能会感到足底的某些特定区域比较紧张，而且双脚感到紧张的区域可能也不同。这都没关系。这个练习本身就能缓解这种不均衡。

1. 保持直立，双手自然搭在胸前。

2. 左脚向前上一步（如图 6-16a 所示）。

（a）起始姿势　　　　　　（b）动作终点

图 6-16　足部旋前 - 旋后训练

3. 保持左脚位置不动，屈左膝，并内扣。此时你的骨盆和躯干应当随之向内侧旋转，左侧足弓因而会趋向于变平（如图 6-16b 所示）。

4. 左膝、左髋和躯干向外侧转动，这样就可以回到起始姿势。

5. 在上述动作过程中，你的足底筋膜会被打开，因此你应当感到足底有明显的拉伸感。

6. 每只脚重复上述动作 5～10 次。可以做两组。如果你因工作或运动关系足底容易疲劳或紧张，可在一天之内视情况多次重复此练习。

练习 12：大脚趾伸展-小腿肚拉伸

（足弓训练，持续时间约 1 分钟）

问题描述

在长时间走路、跑步（尤其是第一次跑陌生线路）或反复跳跃活动之后，我们通常会感到足部和小腿肚疼痛（有谁是例外吗？）。这种疼痛有时来自一种被称为足底筋膜炎的伤病。治疗足底筋膜炎的常规手段是拉伸小腿肚的肌肉。虽然小腿后侧的肌肉总是与足底筋膜炎直接相关，但大脚趾同样不容忽视。我们的大脚趾，或者说第一跖趾关节，是影响我们步态和体态的最后一个关节。虽然它在位置上居于末端，但它的作用不可小觑。如果你的大脚趾不能自由地伸展（抬起），你的足底筋膜一定会过度紧张，随着时间推移就会演变为足底筋膜炎。足底筋膜炎不仅会影响你的脚，也会向上一路影响到膝、髋和更上段的结构。

解决方案

这一组练习的前测十分简单。保持自然直立，尝试在全身其他任何部位都不动的情况下仅抬起一侧的大脚趾。注意在整个过程中你的脚球部位（即前脚掌内侧、大脚趾根部）要始终踩实在地面上。你的其他几根脚趾或许也会跟着抬起来，这无关紧要，只要保证你的脚球和脚跟不离地即可。留意你的大脚趾能抬起到什么程度。在做完下面的拉伸组合之后，可以再重复这个练习作为后测。

1. 面向墙站立，左脚在前，脚趾抬起踩在墙面上。右脚在后，右腿膝关节微屈（如图 6-17a 所示）。

2. 身体前倾，左膝贴在墙面上。此时你的左脚脚趾应当有明显的拉伸感（如图 6-17b 所示）。

（a）起始姿势　　　（b）动作终点，前腿的　　　（c）可同步拉伸小腿肚
　　　　　　　　　　　　膝关节触及墙面

图 6-17　大脚趾伸展-小腿肚拉伸

3. 左右交换，拉伸右脚的脚趾。

4. 如果你愿意，也可以在做这个练习的时候变换脚尖相对于墙面的角度。

如果你想增加拉伸感，可以尝试将整个上半身贴向墙面。这样你的小腿肚就会获得充分的拉伸（如图 6-17c 所示）。

你可能会问：我是否要终其一生，一直重复这些练习？你当然可以这么做。本章的"健康体态训练计划"并非健身增肌训练。如果是增肌训练，你的身体很快就会适应同样的训练动作，那你就无法继续变强了。本章的这些练习则不一样，你持续不断地练习，就会一直有所收获。当然，我要在这里强调，你可以（而且应该）不断学习新的动作，并将其加入你的训练计划。我可以很轻松地再编出 12 种不同的练习，但本书并非"活动度训练与拉伸练习大百科"，我只是挑选了一些我最喜欢、最禁得起实践检验且见效最快的练习放在了这一章里。

我很热爱教学。我教的东西若能对别人有所启发，为他们打开一片新天地，那真是再好不过。一个人学到的东西越多，就会越想要探索各种变化，同时也会有能力自创更多的变化。你可以对本章的练习任意进行增删，甚至可以自创新动作。我希望这一章的内容只是你的起点，我个人也经常在实践中调整训练计划。你的经验越丰富，在选择动作和制订计划时就会越自如。你应该不时改变训练的方法，这可以让你的身体更具适应性，也让你的精神免于倦怠。

当你熟练掌握了这些练习，并充分享受到它们带来的好处之后，我希望你能把它们分享给更多的人。变革和影响就是这样产生的。如果有更多的读者能够自发地传播"健康体态训练计划"，我将会感到非常欣慰。

除了教授技术，我还希望在心理层面为你带来影响。本章的练习有助于改善你与自己的关系，并且能让你对自己的身体有进一步的感知。你会因此少一些"想当然"的念头。这些练习虽然简单，却能让你意识到身体究竟可以做些什么。有的人活了一辈子，却从未在最大的活动范围内充分运用过自己关节和肌肉。也正因如此，他们从未理解"动自由，行自在"是一种怎样的体验。

行动指南
要对改变自己的潜能充满信心。我在上大学时曾经梦想成为一名歌手。尽管之前从未接受过相关的训练，也谈不上有什么天赋，但我还是鼓足勇气，请朋友帮我介绍了一位歌唱教练，然后开始学习。一年之后我已经可以登台表演了。虽然水平谈不上多高，但至少不会被轰下台去。这个故事虽然与保持良好体态、降低健康隐患毫无关联。但通过这个故事，我希望你能意识到一件事：不要仅仅因为"之前没做过"就觉得自己"做不到"。要做到就要先想到。别让你的观念变成拦路虎！

不要再找任何借口拖延了。你或许愿意为健康或幸福砸下大笔金钱，但其实你本没必要这样破费。从现在开始，每天抽出一些时间，去做这些简单的练习吧，哪怕每天只练 15 分钟。一位运动心理学家将这种优先抽出时间关照自己的行为称为"必要的自私自利"。你不应该为有这样的自私自利之心而感到羞耻。如果 10 年后你的身体突然垮了或生了重病，你就没法儿照顾任何人了。你应该从现在开始，每天投入一些时间防微杜渐，确保自己不会落到那步田地。努力让自己现在感觉好起来，而且在将来继续好下去吧！

第 7 章

进一步提升活动度的
泡沫轴训练

SIT UP
STRAIGHT

泡沫轴是一种自助按摩工具，诞生于 20 世纪 80 年代，如今在运动和恢复领域已经非常流行。只要你去过健身房、舞蹈工作室或瑜伽教室，就一定看到过别人用这种圆柱形的玩意儿"处理"他们的肌肉。

　　你可能会想，泡沫轴有哪些作用呢？作为一种自助治疗工具，泡沫轴可以模拟物理治疗师（例如我）的特定手法，对组织施加压力。泡沫轴借助使用者自身的体重施力，有助于松解肌肉组织中的激痛点（也就是前面提到过的触发点）①，提高柔韧性 1，并扩大关节的活动范围。泡沫轴还可以帮助你进行运动前的热身或运动后的恢复。无论你是否受到疼痛的困扰，都可以使用泡沫轴并从中获益。除了自助治疗，泡沫轴也是"预保养"的一件神器。

---

① 从现象上来说，肌肉中的触发点就是在触摸或轻微按压肌肉时出现紧张、酸痛，甚至疼痛的点。触发点被认为是导致肌肉紧张、僵硬、酸痛和其他一些运动损伤的重要原因。物理治疗师和手法按摩师会着重对这些点施加刺激，即一般所说的"松解"。泡沫轴滚压可以视作一种处理和松解触发点的有效手段。——译者注

就我个人所见，学会用泡沫轴放松自己的下半身比较简单，但用它滚压上半身相对比较困难。本章要介绍的泡沫轴滚压练习可视为对第 6 章健康体态训练计划的补充，能够进一步提升你的活动度。在使用泡沫轴时，我建议每个部位的滚压时间控制在 0.5～2 分钟。如有必要，你可以稍后对同一部位再做一轮滚压。

滚压小腿后侧

为了用泡沫轴对小腿后侧的肌肉进行刺激，你的身体从侧面看起来应当呈字母"L"形：上身挺直（不要弯腰驼背），手臂伸直，手掌位于肩部正下方支撑体重，然后将双腿或一条腿伸直。抬起一条腿或两条腿，以膝关节正下方的位置轻轻压住泡沫轴，并保持足背屈（如图 7-1a 所示）。

首先，让泡沫轴在你的腘窝和小腿肚中点之间来回滚动，刺激小腿后侧肌肉的上半段。你的身体感觉会告诉你哪里出现了问题。在感到异样的酸痛时，停止滚动，稍微向下用力，让泡沫轴产生的压力深入这个点，并保持一段时间，直至疼痛或紧张感稍有缓解。之后继续滚动。接下来，让泡沫轴在小腿肚中点到接近踝关节的部位之间来回滚动，刺激小腿后侧肌肉的下半段（如图 7-1b 所示）。

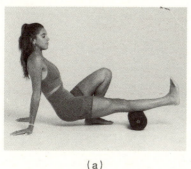
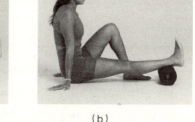

（a） （b）

图 7-1 滚压小腿后侧训练

若需改变刺激的重点，你可以在滚动过程中将脚尖转向内侧或外侧。若需进一步刺激深层组织，就将另一条腿的踝关节搭在滚压腿的上方。这样做会对组织施加额外的压力，令滚压时的感觉更加强烈。

滚压小腿前侧

小腿前侧最重要的肌肉是胫骨前肌，它沿着我们的胫骨一路下行。也许你之前没听说过这个名称，但你应该听说过一种叫作"夹胫痛"（shin splints，也叫外胫夹）的伤病，这是一种发生于胫骨内侧的持续钝痛，在跑步者中十分常见。在夹胫痛中真正疼痛的就是我们的胫骨前肌。尽管夹胫痛本身通常并不严重，但它会诱发各种严重的伤病，例如，未经妥善治疗的夹胫痛可能导致胫骨应力性骨折。夹胫痛本质上就是身体发出的警告：你跑得太多、太频繁了！

胫骨前肌的主要功能是足背屈，即驱动踝关节，令足部朝小腿方向运动。用泡沫轴滚压胫骨前肌时的起始位置类似于俯卧撑（如图 7-2a 所示）：

√ 双手位于肩部正下方。
√ 双掌着地支撑体重。
√ 双腿伸直。

你应当将支撑腿的前脚掌稳固地踩在地面上，抬起要滚压的腿，让胫骨顶端直接接触泡沫轴。以稳定的节奏让泡沫轴沿胫骨滚动，等找到紧张的点或触发点时，就停下来施力按压（如图 7-2b 所示）。向左右两侧稍微转动足部有助于改变刺激重点，让更多的压力直接作用于肌肉，而非骨骼。通常你无须重置动作就可以一次性滚压整块胫骨前肌。不过你也可以选择较小幅度的动作，先滚压胫骨前肌的上半部分，再滚压下半部分。

(a) 起始位置　　　　　　　　(b) 向下滚压直至踝关节

图 7-2　滚压小腿前侧训练

滚压大腿内收肌群

大腿内收肌群位于大腿内侧，由 5 块较小的肌肉组成。它们的主要作用是让两条大腿并拢（与之相对，位于外侧的外展肌群负责让两条大腿分开）。内收肌群的起点位于骨盆，止点位于股骨，位置略高于膝关节。

久坐会导致内收肌群紧张，降低我们的活动度，并增加腹股沟拉伤[1]的风险。滚压内收肌群有助于预防这类问题的发生。

由于位置较为私密，内收肌群通常不易触及。我个人认为这是最难用泡沫轴滚压的肌肉群。想要刺激到它们，就必须采取正确的姿势。

你需要采取俯卧位，以前臂和肘部撑起上半身。抬起一条腿，膝关节微屈，另一条腿自然伸直。调整泡沫轴的位置和方向，使之垂直于你的身体。此时你抬起的腿的内侧应当刚好压在泡沫轴的中段，而自然伸直的另一条腿则不会碰到泡沫轴（如图 7-3a 所示）。

———————————

① 腹股沟拉伤意味着部分或全部的内收肌小纤维撕裂，在运动员和体育爱好者中很常见。严重的腹股沟拉伤可导致步行困难，影响日常生活。——译者注

（a）起始位置，准备滚压右腿

（b）泡沫轴滚动到靠近髋关节的位置

图7-3　滚压大腿内收肌群训练

　　泡沫轴的起始位置位于滚压腿的膝关节上方。让泡沫轴贴着大腿内侧，从起始位置向耻骨方向滚动。每一轮滚压的距离应控制在15～20厘米。然后将泡沫轴放置在上一轮滚压触及的最高位置，再向上滚压15～20厘米。你大约需要3轮这样的滚压，才能让泡沫轴的滚动终点抵达耻骨。在耻骨位置上，用大腿根部（靠近腹股沟位置）的内侧压住泡沫轴，轻柔地小幅度滚压（如图7-3b所示）。

　　在整个滚压过程中，如果感觉到紧张或疼痛，就停在这个位置上保持一段时间，直至紧张或疼痛稍有缓解。如果在滚压时感到不适，建议咬牙坚持。但如果出现麻木或刺痛感，就应立即停止滚压。

为了保持肌力平衡，在滚压完一侧大腿的内收肌群后，应立刻对另一侧大腿的内收肌群做同样的滚压。如需增加刺激，可以使用密度更高的泡沫轴，这种泡沫轴在滚压时形变更小。如果仍嫌不足，可以用橡胶质地的筋膜球或软式棒球代替泡沫轴进行滚压。

滚压股四头肌

下一个要滚压的部位是股四头肌，它是覆盖整个大腿前侧的大肌肉群。起始位置是以肘关节和前臂在地面或垫子上做平板支撑，双腿自然伸直。抬起一条腿或双腿，将大腿最下端、紧邻膝关节的位置压在泡沫轴上（如图7-4a所示）。可以用泡沫轴同时滚压两条腿，不过每次只滚压一条腿有助于增加压强，能更好地刺激特定的触发点。

(a)

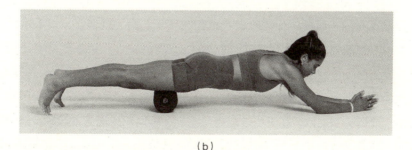

(b)

图7-4 滚压股四头肌训练

如图 7-4b 所示，用泡沫轴有节奏地滚压大腿前侧。你可以在滚压过程中左右倾斜躯干或旋转脚尖，以改变泡沫轴与股四头肌接触的位置。在滚压过程中留意那些敏感或紧张的点。一旦找到这样的点，就停下来保持一段时间。我有时会在自己的单个触发点上保持半分钟，甚至一分钟。每次滚压时要确保一直刺激到股四头肌的起点（大腿根部），再回到膝关节上方的止点。

滚压腘绳肌（大腿后侧）

有些人总是觉得自己的大腿后侧发紧，而且无论怎么拉伸都没有改善。如果你也是这种情况，那么泡沫轴滚压或许能助你一臂之力。

腘绳肌是位于大腿后侧的一个大肌肉群，包括 3 块主要肌肉：位于中间位置的半腱肌、半膜肌，以及位于外侧的股二头肌。前交叉韧带（ACL）损伤是最常见的膝关节伤病。如果你希望预防这种堪称毁灭性的伤病，就应该及早开始保养你的腘绳肌。

强壮的腘绳肌有助于提高膝关节的稳定性，避免膝盖因为侧向扭转而受伤。但腘绳肌很容易变紧，尤其是在久坐之后。腘绳肌变紧还会导致其力量变弱。

在滚压腘绳肌时，你需要坐在地面或垫子上，手臂伸直，以手掌撑起上半身。双腿自然伸直，将泡沫轴放在一条腿的下方，接触点是大腿最下端，紧邻膝关节后侧（腘窝）的位置（如图 7-5a 所示）。从起始位置开始，让泡沫轴向上滚动到腘绳肌的中点，然后回到起始位置（如图 7-5b 所示）。与滚压股四头肌类似，在滚压过程中转动脚尖可以调整泡沫轴与肌肉的接触位置。注意寻找触发点，一旦找到，就停下来保持一段时间，直至疼痛或紧张缓解。

（a）起始位置

（b）结束位置

图7-5　滚压腘绳肌训练

在完成腘绳肌下半段的滚压后，调整位置，继续滚压腘绳肌的上半段。即从上一段滚压的终点开始，向上一直滚压到臀大肌的底端。

滚压臀部肌肉

位于臀部外侧的臀中肌是一块非常重要的肌肉。它负责稳定骨盆，并负责某些重要的运动功能，特别是单腿站立。臀中肌过紧或过弱都容易导致身体其他部位的问题，如膝关节疼痛。对臀中肌进行泡沫轴滚压有助于松解触发点，增加髋关节的柔韧性和活动度，并扩大其关节活动范围。

你每次只能滚压一侧臀部。滚压时，你需要把身体稍微侧过来，这样泡沫轴提供的压力才能深入这一侧的臀肌。同时要注意，整个屁股坐在泡沫轴上，是不会有任何效果的。你可以先坐在泡沫轴上，双臂在身后支撑体重，然后调整身体位置，只让右侧臀大肌压在泡沫轴上。接着，你需要抬起右腿搭在左膝上，呈"二郎腿"的姿势（如图7-6a所示）。在这个姿势下，靠双臂的力量轻轻将身体向前推，让泡沫轴在臀部下方滚动（如图7-6b所示）。此时你可以用踩在地面上的左脚帮助维持平衡，注意动作幅度要小。

　　在滚压过程中留意身体的感觉。一旦发现紧张或疼痛的点，就停下来保持一段时间，或者在很小的范围内前后反复滚动。

（a）起始位置　　　　　　　　　　（b）结束位置

图7-6　滚压臀部肌肉训练

　　如果你需要更强烈的刺激，可以用筋膜球代替泡沫轴。筋膜球质地更硬，接触面积更小，因而能更有效地深入单个触发点。

滚压腹肌

　　人人都知道需要拉伸自己的背部，但极少有人主动拉伸自己的腹部。

这是一个常见的训练盲区。我们的腹肌经常因为久坐或大量的卷腹训练而过度缩短，变得紧张。泡沫轴滚压腹部的目的在于打开身体的这一部分，增加脊柱的活动度，松解腹部肌肉的触发点，并缓解各种形式的紧张。松解腹部肌肉不仅能让整个人倍感轻松，还有助于缓解终日伏案导致的慢性肩颈疼痛。

　　我们还是从肘部和前臂的平板支撑开始。将泡沫轴放在身体下方，与腹部接触（如图 7-7a 所示）。让泡沫轴贴着腹部缓慢地上下滚动，向上到达肋弓，向下到达腰带线的位置（如图 7-7b 所示）。我们的腹部比较敏感，因此一开始力道要轻，之前没有滚压过腹部的练习者尤其如此。一旦在滚压过程中找到触发点，就停下来保持一段时间，直至疼痛或紧张缓解。

（a）泡沫轴到达腰带线以上

（b）泡沫轴到达肋弓位置

图 7-7　滚压腹肌训练

在结束滚压后，可以站起来做几次深呼吸。此时你可能会发现自己的呼吸变得更加顺畅。

滚压中背部（脊柱胸椎段）

屈膝坐在地板或垫子上，把泡沫轴放在身后。上身向后仰，直至后背接触到泡沫轴，位置应该差不多与你的肩胛骨下缘齐平（如图 7-8a 所示）。双手放在后脑支撑头部的重量，将臀部抬离地面，然后向上滚压，直至泡沫轴滚压到肩胛骨上缘（如图 7-8b 所示）。在动作过程中不要让泡沫轴压到你的手，更不要让它压到颈部。你的手放在后脑仅仅是为了辅助支撑。在滚压过程中留意可能出现的紧张或疼痛，一旦出现这种情况就停下来，用体重自然施加压力，这样泡沫轴就会深入这个位置。有些时候只需如此做就足以消除紧张或疼痛。当泡沫轴滚压到肩胛骨上缘时，就向反方向滚压，回到起始位置。

（a）

（b）

图 7-8 滚压中背部训练

在滚压过程中，你可以尝试将自己的两肘靠近一些，这样会使肩胛骨前移，从而略微改变泡沫轴产生的触压感。

用组合动作处理相关联的肌筋膜链

现在你已经学会了单个部位的滚压技巧，接下来我将教你泡沫轴的进阶用法。借用拳击作为类比，前面的技巧是单个拳法，后面的内容则是能克敌制胜的组合拳。

很多人以为肌肉是彼此孤立、独立发挥作用的。例如，肱二头肌负责屈臂，股四头肌负责伸膝。其实不然，肌肉必须像乐队一样高度协作，才能完成各种复杂的动作。例如，当你要从地上将重物抬起时，你需要双下肢屈，同时双上肢拉。你可以试试看只用左腿维持平衡，同时只用左臂从地上拾起一样东西——相信我，这个动作没那么容易。但如果用左腿维持平衡，用右臂捡拾，就会容易一些。这个例子可以帮助你认识到，你体内的肌筋膜链总是协同工作的。这些肌筋膜链由肌肉、筋膜和韧带组织构成[2]，彼此联为一体，在灵活性和稳定性之间创造出一种平衡。

各种幅度较大的身体活动都离不开肌筋膜链的参与。它们的动力结构就像字母"X"：当身体左侧发力时，肌筋膜链的右侧部分也会协同动作。也就是说，肌筋膜链的一部分收缩时，其产生的力量会传递到相邻的肌肉。如果某一块肌肉过于紧张，那么很可能也会牵涉其他肌肉，在身体的其他部位引起紧张。

以下是一些基本的泡沫轴滚压动作组合。这些动作组合体现了肌筋膜链上多块肌肉之间的关系。

1. 小腿后侧：如果任何一侧小腿肚酸痛，则要滚压两侧的小腿肚、两侧的腘绳肌及中背部。

2. 腘绳肌：如果任何一侧腘绳肌酸痛，则要滚压两侧的小腿肚、两侧的腘绳肌及中背部。

3. 胫骨前肌：如果任何一侧胫骨前肌酸痛，则要滚压这一侧的胫骨前肌、小腿肚、股四头肌和腘绳肌。

4. 臀肌：如果任何一侧臀肌酸痛，则要滚压这一侧的臀肌和股四头肌及中背部。

5. 中背部：如果中背部酸痛，则要先滚压两侧的股四头肌、两侧的腘绳肌、两侧的腹肌，然后滚压中背部。

6. 大腿内收肌和腹股沟：如果任何一侧腹股沟肌肉酸痛，则要滚压两侧的腹肌及同侧的臀肌。例如，右侧腹股沟感到酸痛时，需要滚压两侧的腹肌（整个腹部）及右侧的臀肌。

7. 股四头肌：如果任何一侧股四头肌酸痛，则要滚压同侧的胫骨前肌、小腿肚和臀肌。例如，右侧股四头肌酸痛时，需要滚压右小腿的后侧和前侧及右侧臀部。

泡沫轴滚压局部可以在短时间内迅速缓解疼痛，并改善活动度。但如果能对同一肌筋膜链上的关联部位同时进行滚压，效果会更好。也许你之前没有意识到这些关联部位的"帮凶"身份，现在有了本章的知识和工具，你就应该对它们一视同仁。你在学拳击时不能只满足于打出单个拳法，你的目标是使出恰当的组合拳克敌制胜。

急 / 救 / 良 / 策

如何选择适合自己的泡沫轴?

泡沫轴易于使用，重量较小，便于随身携带，是一种非常好的治疗工具。市面上的泡沫轴颜色、造型、表面纹理和尺寸五花八门，有的产品还自带震动功能。你可以货比三家，然后选出最适合自己的一款。你也可以听从我的建议，从而省下一些时间和金钱。在挑选泡沫轴时，你应当着重参考以下4点：

1. 硬度

一些泡沫轴坚如磐石，另一些则非常松软。新手可以先选用质地较软的泡沫轴，以后逐步增加硬度。硬度较高的泡沫轴在初次尝试时可能会引起疼痛，但随着使用经验的增加，你会逐渐习惯泡沫轴压到触发点引起的疼痛。这时候你就应该换用硬度更高的泡沫轴，以便更有效地缓解疼痛。硬度高的泡沫轴在使用时不容易变形，因而也更加耐用。

2. 长度

最短的泡沫轴一般长度不超过30厘米，长一些的则可能将近1米。长泡沫轴更适合滚压面积较大的肌肉群或部位，如背部。短一些的泡沫轴则适合滚压面积较小的、难以触及的肌肉群，如大腿内收肌。如果你正打算选购自己的第一个泡沫轴，我建议优先买长一些的。

3. 纹理

不同的泡沫轴表面纹理差异很大。一些泡沫轴表面光滑、没有纹路或凸起，另一些则像卡车轮胎般凸凹不平。新手可以先选用表面较光滑的泡沫轴，它们的触感相对轻柔，价格也便宜一些。表面带有复杂纹理的泡沫轴能让压力更加深入触发点，价格也更贵。

4. 价格

你没必要在泡沫轴上花太多钱。标准的泡沫轴一般售价不过几美元，带纹理或震动功能的高级产品通常要几十美元，甚至更贵。你可以先买一个价格较便宜的先用着。如果感觉物有所值，以后替换成更高级、更贵的产品。当然，无论什么档次的泡沫轴都是物有所值的投资，对你的"预保养"目标都会有所助益。

第 8 章

改善体态，远离10种常见病痛

SIT UP
STRAIGHT

我在多伦多接诊过一位名叫萨拉的患者。她当时 66 岁，被诊断患有髋关节炎。她主诉疼痛感自退休后与日俱增，而且已影响到了她的生活质量。

　　我便问她："在过去这些年里，你生活中最大的变化是什么？"

　　她说："我退休之前是一名邮递员。"

　　我继续追问："在退休之后，你每天都会做些什么？"

　　她说她每天都会花时间和孙子辈待在一起，而且还会每天步行。我注意到她戴着智能手表，上面有计步功能，于是便问她每天平均走多少步。她的回答提示了一些她退休生活的线索："比我当年做邮递员的时候少多了。医生看了我的 X 光片，居然认为我需要接受髋关节置换手术！"

　　她的髋关节外侧疼痛，伴随关节囊活动受限，这些症状符合髋关节炎的诊断。但她的大腿中段和腹股沟并没有疼痛，这两个部位的疼痛可说是诊断髋关节炎的关键依据。患者的大腿中段和腹股沟通常在早晨出现疼痛，而且疼痛会随着活动加剧。有趣的是，这样的疼痛并未出现在萨拉身上。恰恰相反，随着活动的增加，她的疼痛反而会缓解。于是我便直截了当地对她说："萨拉，你必须多运动。你的疼痛加剧是伴随身体活动减少而出现的，你的症状表现正是缺乏身体活动的结果。要知道，你的疼痛只出现了一年，而关节炎是会持续多年的。我并不认为你的关节炎和疼痛之间存在什么关联。"

我带萨拉做了一些康复门诊常见的、传统的力量强化，如深蹲及髋外侧肌群强化。同时，我也使用了本书第6章介绍的一些练习，以增加萨拉的活动度。例如，体侧屈（练习5）、髂腰肌全向拉伸（练习7）、髋部拉伸（练习8）和下肢时钟（练习9）。当然，我们是在保证安全的前提下进行这些练习的。此外我还要求萨拉每天尽量增加步行距离。萨拉到目前为止还没有接受髋关节置换术，而且仍然在坚持活动度训练。我对此感到非常欣慰。

我的"健康体态练习"是为所有人设计的，无论大家的出发点是高是低，都不该有人被落下。这种情结大约与我的越南血统和文化传承有关：身为一个大家族的成员，我们必须相互照应。如今我把这种传统继续加以扩大，希望将这个"大家庭"的范围扩展到全世界的每一个人。正如李小龙所言："普天之下，四海之内，人人皆为兄弟姐妹。"这听上去或许有点过于天真，但我诚挚地抱着这种信念。我在经营Myodetox的时候也秉承着同样的信念，我希望把它变成一个家庭或一个部落，一个众多有共识之士齐聚的部落。

出于这种兼收并蓄的愿望，我将在本章简单讨论一些在我工作实践中常见的病痛，并介绍"健康体态训练计划"和活动度训练对这些病痛可能起到的作用。我设计的练习并非包治百病的灵丹妙药，但我希望它能为你提供一个好的出发点。

有一些读者可能是受到膝关节肌腱炎或肩颈疼痛等疾病的困扰，然后才翻开这本书的。本书将为这些读者提供一套快速起效的缓解方案。待病痛缓解后，各位应当持之以恒，继续实践本书中的"健康体态训练计划"。对另一些读者来说，本章将要谈到的绝大多数（甚至全部）病痛可能暂时还没有出现在你的生活中，因此你并不需要"对症"的练习。这样也不错，请继续保持下去。当然，许多人可能会在读到本章的某一段或某几段描述时感到切中自身："啊，这说的不就是我吗！"若果真如此，建议你仔细阅读对应的段落。

有些时候身体活动或运动本身就是最好的病痛解决方案，上面提到的萨拉就是个很好的例子。下面我会逐一列出这些病痛，然后给出一些对应的练习计划。衷心希望这些病痛不会成为你挥之不去的噩梦。

下面的每种病痛之后列出的"练习 X"，对应本书第 6 章中的健康体态训练计划中的 12 组练习。如果你正受到某种病痛的困扰，只需在第 6 章查阅对应的练习，然后照做即可。

病痛 1：头痛

问题描述

我们每天坐在车里，坐在办公桌前，坐在餐桌前，有时还坐在健身器械上。我们坐着的时候往往会盯着电子设备的屏幕，时间过久，很多人就开始受到头痛的困扰。

导致头痛的原因很多，其中有两种头痛与颈部的不良姿态关系密切，一种是紧张性头痛，另一种是颈源性头痛。慢性压力导致的头痛以紧张性头痛最为常见，这种头痛与颅底的肌肉群（见图 8-1）的功能异常有关。紧张性头痛的症状会累及头部和颈部的双侧，持续时间从几小时到数日不等。这类头痛发作时通常不会令你感到恶心、呕吐，但很可能令你难以专注地工作。

颈源性头痛的发病率较紧张性头痛稍低，通常发生于 30～45 岁的成年人，这种头痛会累及颈椎上段和颅底。与紧张性头痛不同，颈源性头痛往往只发生在头颈的单侧，而且随头颈的活动而加剧。我在 Myodetox 接诊过各种年龄段的颈源性头痛患者，其中有一些比较年轻（通常是终日久坐的学生或打工族），另一些则是上了年纪的，而且通常伴有颈椎上段关节的慢性损伤。

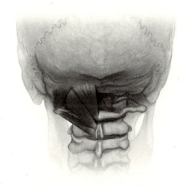

图 8-1　颅底的肌肉群

解决方案

体态会影响颈部的肌肉和神经功能，进而导致上述两类头痛的出现[1]。例如，持续圆肩驼背、头部前倾会增加颅底受到的压力，进而引起头痛。若想降低紧张性头痛和颈源性头痛的风险，你需要牢记以下两个原则：

√　保持颈部和中背部的正常活动度，有助于避免头痛。

√ 你日常习惯的姿势和体态（如站姿和坐姿）与你的头痛密切
相关。

本书第 6 章介绍的练习 2（颈椎屈伸）和练习 3（胸椎旋转），有助于
增加颈部和中背部的活动度。在生活中尽量改正或避免脖子前伸的体态则更
为重要。确保自己每坐半小时就站起来走走，顺便花些时间做做这两种练
习。此外，你还应该每天规律地用泡沫轴滚压自己的胸椎段（操作方法见第
7 章）。

病痛 2：手臂或手部的麻木或刺痛

问题描述

如果你的手臂或手部明显感到麻木，并伴
随显著的胸痛和气短，别犹豫，要赶紧去医院急
诊室，因为这些症状有可能提示严重的心脏病发
作。如果你仅仅是感到手臂或手部有轻微的麻木
或刺痛，那么我建议你尽快预约专科医师或物理
治疗师进行诊治（当然，来我们 Myodetox 的门
店更好）。千万不要掉以轻心，因为麻木或刺痛
通常不会自行消失，只会逐渐加重。

我在上文中解释了体态、颈部肌肉和头痛
的关系。颈部的姿势也可能导致手臂产生麻木或
刺痛。头部前倾体态通常会导致颈部中下段的过
屈，进而压迫臂丛神经。这些神经由脊髓发出，
沿手臂下行，连通到上臂、前臂和手部的皮肤与
肌肉（见图 8-2）。正因如此，腕管综合征或胸

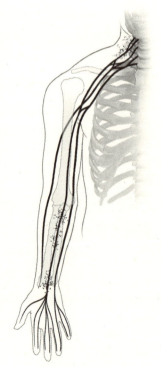

图 8-2　臂丛神经

廓出口综合征等问题都可以追溯到颈部[2,3]，而颈部的姿势不良会导致手臂或手部的麻木或刺痛。

解决方案

如前所述，臂丛神经在下行过程中遭到卡压，是手臂或手部出现麻木或刺痛的常见原因。提高神经的活动度是解决问题的关键。神经动力学是处理神经系统和肌肉-骨骼二者活动度之关联的学科。受过相关训练的专业人士（如物理治疗师、整骨师或专科医师）能帮助你确定导致麻木或刺痛的具体神经。本书中的某些练习也有助于缓解症状，甚至有可能帮助你消除麻木或刺痛。

除了日常训练，你还需要注意保持良好的体态，这是本书所有练习的基础。如果你习惯圆肩驼背、头部前倾，那么你遭遇麻木或刺痛的概率就会变得很高。你需要首先改掉某些与此相关的生活习惯，例如，睡觉时枕头垫太高、力量训练时过分探头伸颈或长时间低着头玩手机。如果你已经出现了麻木或刺痛，就需要格外留意以下原则：

√ 如果某种特定体态会加重麻木或刺痛，就应该时刻提醒自己避免这种体态。

√ 为了提高相关神经的活动度，你必须增加颈部和胸椎段肌肉-骨骼的活动度。

√ 沿手臂向下放射的麻木或刺痛很大程度上是由不良体态导致的。

我们的训练要先从颈部开始，即要做第 6 章的练习 1（身体变速箱）和练习 2（颈椎屈伸）。颈部、胸椎段和下背部的整体活动度提升，有助于改善神经动力学状况，进而缓解手臂或手部的麻木或刺痛感，这就是上述练习的基本原理。练习 3（胸椎旋转）及第 7 章的脊柱胸椎段泡沫轴滚压练习，则能进一步优化你的神经动力学特征，降低未来遭遇病痛的风险。

如果麻木或刺痛进一步加剧，应当立即就医。不要自己盲目地做任何处理，否则情况只会变得更糟。

病痛 3：肩部疼痛

我 18 岁那年，在蒙特利尔的一家健身房用蝴蝶机做夹胸训练。做到第三次时，我忽然感到右肩传来一阵尖锐的疼痛，只好立刻停止训练，痛苦地用手抱着右肩。我的右肩再也不复以往，伤情持续了好几年。如今回想起来，这显然是过度的胸肌训练导致我圆肩驼背，破坏了肩部的正常生物力学结构，最终引发了肩峰撞击综合征。

行动指南
SIT UP
STRAIGHT
尝试在你站直的情况下高举一侧手臂，尽可能举高。留意自己在动作过程中的感受，并记录自己能摸到的高度。然后在驼背含胸的状态下再次尝试举起手臂摸高，你会发现这一次的高度明显比站直时要低不少。

肩峰撞击综合征及随之而来的疼痛会影响各个年龄段的人群，约 1/3 的人在一生中至少会经历一次。有些人在遛狗时忽然被奔跑的狗（它可能看到了猎物，然后企图追赶）拉扯而摔倒，导致肩部骨折。有些人在骑山地自行车时低估了某处地面的起伏，导致肩关节脱臼。但绝大多数的肩部疼痛并非意外事故所致，其原因可能在于我们的颈部、躯干和肩胛。我在本书中提供的练习主要涉及胸椎段（中背部），另外一个需要我们密切关注的部位则是肩胛。四块合称为"肩袖肌群"的肌肉将肩胛骨和上肢骨连接起来，负责保持肩胛的稳定。这些肌肉参与了几乎所有需要肩部发力的动作，例如下犬式、全身抗阻力锻炼（total resistance exercise，TRX）划船，或体操中的吊环项目。肩袖肌群的重要性再怎么强调都不为过。我之后会提供一个练习

（见图 8-3），它有助于我们建立对肩袖肌群的本体感觉，并且强化这些肌肉，进而建立起与之相关的神经输入信号。这样我们今后就能更好地进行有关的体态训练。

许多动作（甚至特定的睡姿）都会加剧肩部疼痛。日常需要大量手部动作的人群（如画家和发型师）及上了年纪的人群，格外容易遭受肩部疼痛的困扰。肩部疼痛通常不是孤立现象，总是有迹可循。不良体态就是其中的元凶之一！

解决方案

在处理肩部疼痛的过程中，我们需要遵循以下 3 个要点：

√　增加肩部的活动度。
√　强化肩关节周围的肌肉力量。
√　提高肩胛的稳定性。

强迫已经受伤的肩部继续重复以前的动作，只会起到火上浇油的作用。本书第 6 章的练习 3（胸椎旋转）和练习 4（背阔肌动态拉伸）有助于改善胸椎段的体态，并帮助拉伸由于肩部受伤而被动缩短的肌肉。此外，你还需要用泡沫轴滚压胸椎段。上述练习有助于提高肩部的活动度。坚持这些练习，并在日常生活中保持正确体态，注重强化肩部相关肌肉的力量，你就能有效缓解肩部疼痛和肩峰撞击综合征，或者降低其未来发生的概率。练习 3 和练习 4 还能帮助你奠定一个好的基础，这样你在普拉提馆、瑜伽馆或健身房做肩部训练时也会有更好的效果。增强胸椎段和肩部的活动度，还能增加传统力量训练动作（如俯卧撑）的收益。

肩部的解剖结构非常精细。为了更好地发挥其功能，我们既需要强化肌肉力量，又需要提高肩胛的稳定性。下面这个小练习可以同时改善活动度和力量，从而帮助肩胛稳定。

1. 俯卧，双臂置于背后，双肘向上弯曲，双手握拳，用力攥紧。双腿挺直，保持足背屈（如图8-3a所示）。

2. 拳眼朝下，双臂伸直，双手向上抬起。收紧背部肌肉，两侧肩胛用力向中间挤压，并保持一段时间（如图8-3b所示）。

3. 保持手臂伸直，拳头握紧，拳眼朝前，双手沿水平方向划出1/4圆弧，整个身体呈字母"T"形。用5秒钟缓慢地完成这一动作，不要太快（如图8-3c所示）。

4. 还原至图8-3a的起始姿势。

5. 如需增加难度，步骤3的动作可以改为双手划半圆弧，终点高于头顶的位置。此时拳眼朝上，呈字母"Y"形（如图8-3d所示）。

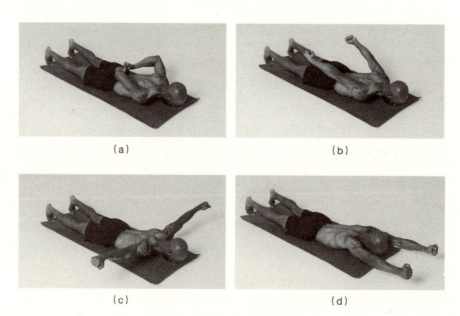

（a）　　　　　　　　　　　（b）

（c）　　　　　　　　　　　（d）

图8-3　肩关节的连续旋转训练

病痛 4：椎间盘病变

问题描述

最常见的两类椎间盘病变是椎间盘膨出和脊柱关节炎。在美国，椎间盘膨出（及突出）在 30 岁以上的人群中非常流行，而男性的发病率又比女性高出 1 倍[4]。脊柱关节炎也叫椎间盘退行性病变，常见于 50 岁以上的人群，每天都有许多人经由 X 光造影确诊此病。这两种病症在医院骨科确诊的椎间盘病变中占了绝大多数，因而公众对它们闻之色变。椎间盘病变的发病率虽然在逐年上升，但并非无可救药。研究表明，增加活动度、保持运动训练是缓解椎间盘退化的有效手段[5]。

不良体态（如含胸驼背）、糟糕的身体活动习惯（如久坐）、机械压力（如举重或在工作中总是弯腰）及肥胖都会增加椎间盘病变发生的风险。胸椎段和髋关节的肌力不平衡也是重要的致病因素。然而在实际生活中，椎间盘突出的案例中约有 30% 并未伴有任何疼痛[6]。因此即使你通过磁共振成像确诊椎间盘突出，它也不见得就是导致你下背部疼痛的真凶。

解决方案

罹患椎间盘病变的人通常害怕症状加剧，所以会尽量避免从事某些特定的身体活动。如果你能在不产生疼痛的情况下向前弯腰，就无须刻意避免身体活动。我强烈建议你保持活动身体的习惯。原因有如下两个：

- √ 椎间盘病变比你想象的更加常见，但不要让它毁掉你的正常生活。
- √ 增加活动度并规律运动，非常有助于缓解椎间盘病变的症状。

第 6 章的练习 1（身体变速箱）能提高全身的整体活动度。练习 5（体侧屈）和练习 6（麦肯锡伸展）有助于缓解椎间盘突出或退行性病变导致的活动受限。练习 5 能打开髋关节，缓解下背部椎间盘引起的疼痛。练习 6 则有助于腰椎间盘膨出的恢复。在做这两个练习时要注意避免加剧下背部的不适感。如果这些练习引发了新的疼痛，就立即停下来。

练习 7（髂腰肌全向拉伸）、练习 9（下肢时钟）和练习 10（屈髋上肢时钟）能部分抵消椎间盘病变引起的活动度降低。你还可以用泡沫轴滚压臀大肌、股四头肌、腘绳肌和小腿后侧，对下肢肌肉提供足够的刺激，进一步增加其活动度。

病痛 5：坐骨神经痛

问题描述

坐骨神经痛的核心症状是放射状疼痛——通常发生在一侧，沿坐骨神经一路向下，波及下背部、髋部和双腿（见图 8-4）。医生经常将坐骨神经痛诊断为一种疾病，但实际上它只是一种症状表现，也就是说，坐骨神经痛是由身体其他部位的问题引发的。

坐骨神经是人体中最长、最粗的神经。当它遭受压迫时，产生的疼痛可能很温和，也可能很剧烈，严重时甚至会令人动弹不得。坐骨神经受压迫还可能导致下肢麻木或刺痛，以及腿部和足部的肌肉无力。导致坐骨神经痛的最常见原因是腰椎间盘病变，以及髋部后侧的梨状肌紧张。这两种状况都会导致疼痛沿腿后侧向下放射。

与上面讨论过的手臂麻木或刺痛类似，坐骨神经痛也有其神经动力学基础，即坐骨神经本身的活动度出现减退。

图 8-4　坐骨神经

解决方案

　　由于坐骨神经痛源自坐骨神经的神经动力学特征改变，因此为了缓解疼痛，我们需要遵循下面两个原则：

√　找到那些会加剧疼痛的体态，如久坐，然后避免自己长期处于这些体态。

√　提高坐骨神经周围的组织活动度，如拉伸松解臀肌、腘绳肌和小腿后侧的肌肉。

　　由于坐骨神经沿着双腿下行，第6章的练习5（体侧屈）、练习6（麦肯锡伸展）、练习7（髂腰肌全向拉伸）、练习8（髋部拉伸）、练习9（下肢时钟）和练习10（屈髋上肢时钟）都有助于坐骨神经痛的缓解。任何其他不会加剧疼痛的活动度训练也都值得一试。髋部、臀部和腿部后侧肌肉过紧容易压迫坐骨神经，因此可以同时用泡沫轴滚压上述部位的肌群。

病痛 6：髋部紧张

问题描述

　　如果你的大腿前侧或臀部肌肉过于紧张，其根源可能要追溯到髋关节。骨盆周围的肌肉过紧或被动缩短都会导致髋关节活动受限，髋关节活动受限又会进一步引起髋关节前侧的疼痛或压迫感。

　　如前所述，久坐会导致髂腰肌（屈髋肌）和髋外展肌的紧张，导致髋关节前侧受到更大的压力。你在走路时也会受到髋部紧张的影响，感到髋关节前侧被一只"无形的大手"推着，很难迈开步子。你可能还会发觉盘腿坐变得越来越困难（小时候明明不费吹灰之力）。久而久之，甚至坐在低矮、柔软的沙发上都会让你感到不适。髋部紧张仿佛天降的魔咒，突然就为日常生活平添了许多麻烦。

解决方案

　　导致髋部紧张的原因很多，但总体而言是由于严重缺乏日常身体活动。若能在日常散步、休息时加入本书第 6 章的练习，并在工作中增加起身活动的频率，这种紧张感就能得到明显缓解。以下是缓解髋关节紧张的两条重要原则：

√　髋部的紧张和僵硬是身体缺乏活动的结果，尤其容易在长期保持同一体态（如久坐）时产生。

√　髋部紧张会同时限制髋关节在三个平面上的活动（如第 5 章所述）。如果你不能及时干预一个平面的活动受限，很快另外两个平面的活动也会受限。

大多数人谈到髋关节活动时只能想到前后方向的动作，即矢状面的动作，很容易忽略髋关节的侧向运动（冠状面）及外旋-内旋（水平面）的功能。同时在这三个平面上增加髋关节的活动度是非常重要的，这样我们的髋关节才有能力完成各个方向、各个角度的动作。

以下这些练习有助于缓解你的髋部紧张：练习5（体侧屈）、练习7（髂腰肌全向拉伸）、练习8（髋部拉伸）、练习9（下肢时钟）和练习10（屈髋上肢时钟）。你还应该在训练计划中加入臀肌、腘绳肌和股四头肌的泡沫轴滚压。

病痛 7：跑步膝

问题描述

跑步膝是一种常见的伤病，出现于膝关节前侧、紧靠髌骨尖下方的位置。跑步膝是由腿部过度使用造成的反复压力引发的[7]。虽然名字叫"跑步膝"，但所有大量需要髋关节、骨盆和足部参与的动作（从芭蕾塑形到击剑）都可能导致跑步膝。跑步膝并非只影响跑步者！

跑步膝在临床上的正式学名叫髌骨关节疼痛综合征，在全世界范围内都很常见。它常常伴随不同程度的膝关节肿胀或弹响，经常影响我们步行、上下楼梯和蹲坐（如坐在马桶或椅子上）的动作。

值得注意的是，膝关节的活动其实同时受到髋关节[8]和踝关节[9]的影响。髋关节和踝关节动作质量的高低直接决定了膝关节的问题是好转还是加剧。正因如此，为了保养膝关节，我们必须让整个下肢的运动都遵循正确的规律进行。

解决方案

如果你的膝关节已经出现疼痛，那么在疼痛完全缓解之前，你不应该继续从事任何可能加剧症状的活动。例如，你步行了 15 分钟，发现自己的膝关节开始疼痛，此时你应当休息两天，等待疼痛缓解，然后先尝试时间稍短的步行，如果感觉尚好，再逐渐在可承受的范围内增加步行的时间或距离。

同样的原则也适用于跑跳之类的活动。你身体的反应程度决定了你对活动量的承受范围。只做那些不会引起膝关节疼痛的身体活动，这样就能保护好你的膝关节。总之，在应对跑步膝时，你需要遵循如下 3 条原则：

√　跑步膝通常与腿部的过度使用有关。

√　暂时停止可能加剧症状的动作，有助于在短时间内减轻疼痛。

√　强化髋关节、膝关节、踝关节周围肌肉的力量，并且增加其活动度，有助于跑步膝症状的缓解。

尽管跑步膝当中有个"膝"字，但背部、髋关节和踝关节的功能都会对膝关节产生影响，因此上述各个区域的紧张或肌力不足都可能引起膝关节疼痛。第 6 章的练习 5（体侧屈）和练习 7（髂腰肌全向拉伸）有助于提高髋关节活动度和承受负荷的能力。练习 9（下肢时钟）和练习 11（足部旋前–旋后）能同时提升膝关节和踝关节的活动度及相关肌力。你还应该使用泡沫轴滚压股四头肌、胫骨前肌和小腿后侧肌肉，以进一步减轻不适感。如果症状没有缓解，就要找物理治疗师或医师做进一步的诊疗。当然，及早采用上述练习对膝关节进行"预保养"，肯定是有益无害的。

病痛 8：足底筋膜炎

问题描述

顾名思义，足底筋膜炎就是足底筋膜组织的炎症。我们的足底筋膜负责支撑足底并保持足弓。足部的活动性受限或糟糕的步态都可能导致足底筋膜损伤[10]。足部僵硬会导致足底筋膜趋于紧张，从而在步行时无法均衡地负担体重。

在正常的步态下，足部的各个关节和组织需要彼此相对运动，这样才能推动身体前进（原理类似于躯干和骨盆在步行时的相对运动）。足部如果变得僵硬，这种相对运动就无法实现，足底筋膜就无法正常地进行收缩-拉伸循环。这会导致张力在某一个点上过度累积，最终引起炎症和疼痛。

足底筋膜炎（及其他一些足部病变）在超重和增重人群中十分常见，尤其是短期内体重急剧增加的个体（譬如体重在一年内增加 5% ~ 20%）。体重的急剧增加会影响足部的生物力学机制，并导致步行动作发生改变。

解决方案

矫形鞋垫是应对足底筋膜炎的最常见手段。它就像创可贴，可以即插即用，你只要把它塞进鞋子里就能解决问题。但你总有一天得学会甩掉它。你的训练应该着眼于在没有外力帮助的情况下增加足部的活动度和肌力。因此我建议你赤足进行相关的练习。练习时，首先要牢记下面三条原则：

√ 足底筋膜炎通常源自足部受力模式的改变。足部过度使用或体重增加引起的反复压力会促使足底筋膜炎的发生。

√ 矫形鞋垫能短期缓解足底筋膜炎的症状，但不要长期依赖它。

√　你应当同时提高足部的活动度和肌肉力量。

　　为此，你必须让自己的足部回归正常的生物力学状态，然后做一些正确的强化训练。本书第6章的练习11（足部旋前-旋后）和练习12（大脚趾伸展-小腿肚拉伸）就是这样的强化训练。另外，用泡沫轴滚压胫骨前肌和小腿后侧肌肉也能减轻足部承受的压力，从而暂时缓解某些足底筋膜炎的症状。建议你避免那些可能加剧疼痛的运动，并穿着合适的（不会加剧疼痛的）鞋子。最后务必牢记，对足部进行锻炼才是长久的解决之道。

病痛9：夹胫痛

问题描述

　　夹胫痛是过度使用腿部肌肉导致的伤病，通常源自跑步或走路过多、步行时足部过早旋前（足弓降低），以及小腿后侧肌肉过度紧张。所有帮助控制髋关节、强化小腿后侧和足部力量的动作，都有助于夹胫痛的预防或缓解。夹胫痛并非一种孤立的症状，我们可以从跑步或走路的姿势中预见夹胫痛的发生。如果你的核心力量不足、髋关节的各向活动性受限或跑步姿势不正确，出现夹胫痛的风险就会升高。夹胫痛和胫骨应力性骨折都源自过度使用腿部肌肉，而且都发生在膝关节以下，但二者存在本质区别。胫骨骨折意味着骨组织出现损伤，夹胫痛则意味着胫骨周围的肌肉、肌腱和骨组织出现炎症。我们可以通过以下征兆进行区分：

√　胫骨应力性骨折产生的疼痛局限于胫骨的某个区域，而且疼痛会随跑步等身体活动而加剧。

√　夹胫痛通常会累及胫骨的广大区域，而且疼痛会随热身和预备活动而减轻。例如，在跑步前用泡沫轴滚压胫骨前肌，进行踝关节的动态拉伸，就能减轻疼痛。

当然，为了安全起见，我们在胫骨部位出现疼痛时，最好还是去医院进行鉴别诊断。诊断应力性骨折通常需要 X 光造影、骨扫描或磁共振成像。

解决方案

夹胫痛的应对方法与足底筋膜炎类似。我们必须留意与疼痛直接相关的活动，并通过特定的专项练习强化运动功能——无论目标是走路、慢跑、长跑，还是日常的身体活动。练习时，应牢记下面两个原则：

√ 首先进行鉴别诊断，排除应力性骨折的可能性。然后找到可能直接导致疼痛的运动（如跑步），并暂时避免这些运动。待疼痛稍有缓解，再循序渐进地恢复之前的运动习惯。例如，首先尝试慢速步行，如果没有引起疼痛，再考虑尝试慢跑。

√ 通过训练，提高髋关节、膝关节和足部的活动度。

第 6 章的练习 5（体侧屈）、练习 7（髂腰肌全向拉伸）、练习 8（髋部拉伸）、练习 9（下肢时钟）和练习 10（屈髋上肢时钟）有助于强化髋关节功能。练习 11（足部旋前-旋后）和练习 12（大脚趾伸展-小腿肚拉伸）有助于改善足部的生物力学结构。此外你还可以用泡沫轴滚压小腿后侧肌肉及胫骨前肌，以消除可能的触发点和/或肌力不平衡。

病痛 10：下背部疼痛

问题描述

据我所知，下背部疼痛是最常见的一种伤病，这种伤病造成的经济影响非常大。近 80% 的美国人在一生中至少会遭遇一次下背部疼痛的困扰[11]，由此导致的经济损失可能高达每年 1000 亿美元。

下背部疼痛的原因极其复杂，可能的原因包括椎间盘膨出、骨关节炎、韧带损伤、怀孕、肌肉拉伤、肌力不平衡，以及髋关节、膝关节、踝关节病变。而且，下背部疼痛随时都可能发生，它可能发生在你站立或坐下的时候，也可能发生在你努力练习瑜伽动作或以大重量练习举重的时候。总之，这种病痛的原因难以追溯，诊断也相当麻烦。

所有的背部疼痛其实都是某种信号。在针对这些信号做出反应时，你可以遵循以下建议：

- √ 若你同时出现排便或排尿失禁，应立即就医。
- √ 若你近期曾因某种因素而活动受限（如怀孕或分娩），则可能会持续性出现下背部疼痛。
- √ 你的疼痛可能是急性的（源于近期的突发伤病），也可能是慢性的（随时间逐渐加剧）。
- √ 无论导致疼痛的原因为何，都强烈推荐你通过训练增加下背部的活动度。

下背部疼痛可能是我的患者最常提出的主诉，好在我有大量的应对之策。你可以在本书中找到我最常用的一些对策。

解决方案

应对下背部疼痛的核心要点在于"关注疼痛区域以上和以下的部位"。如果你的下背部疼痛，那么你很可能有髋部紧张（向下找原因）或胸椎段活动受限（向上找原因）问题。你的下背部对上下节段的活动度或力量缺失做出了代偿，疼痛则可视为代偿的结果。

活动度训练是解决下背部疼痛的重要手段。本书第 6 章的练习既可以用于检测活动度，又有助于缓解症状。如果你的疼痛根源在上方，那你可以参照练习 3（胸椎旋转）、练习 4（背阔肌动态拉伸）和练习 6（麦肯锡伸展）。如果根源在下方，则可以应用练习 5（体侧屈）、练习 7（髂腰肌全向拉伸）、练习 8（髋部拉伸）、练习 9（下肢时钟）、练习 10（屈髋上肢时钟）和练习 11（足部旋前-旋后）。你还可以用泡沫轴滚压中背部、臀部、股四头肌、腘绳肌和小腿后侧，以松解这些部位的触发点。

这份清单也许有点长，但所有的内容都指向同一个核心原则，也就是上文提到的"向上下两个方向找原因"。无论导致疼痛的根源在上方还是在下方，解决方法都殊途同归：通过训练增加胸椎段、髋部、膝关节和足部的活动度。

SIT UP STRAIGHT
急 / 救 / 良 / 策

恢复得好，才能练得更好

恢复的第一种定义是从伤病中复原，第二种定义是在训练结束后进行的各种活动（如动态伸展、手法治疗、冷敷、热敷）。不过我在这里要强调的是恢复的第三种定义，那就是在训练结束后生理和心理指标回归训练前基线水平所需的时间间隔。个体在参加完一场马拉松或奥林匹克举重比赛后，其身体状态必须回归到赛前的水平，才算是彻底完成恢复。恢复时长受到许多因素的影响。例如，参加了一场马拉松比赛后，业余运动员可能需要一周才能完成恢复，而顶级职业选手可能只需两三天就能回到赛前的基线水平。

特定的行为会延长或缩短恢复时长。举例来说，在你完成一次大重量的力量训练之后，当天夜间的睡眠质量将显著影响你的恢复。8小时的高质量睡眠能显著促进恢复、缩短恢复时长，而断断续续睡3

小时则非常不利于恢复。

　　我们的活动度也遵循同样的规律。恢复能令我们的关节活动范围和肌肉力量回归基线水平，这样我们才能正常地从事之前的身体活动或运动。如果你是一名长跑爱好者，刚刚受了伤或在一次比赛中筋疲力尽，那么你必须等伤愈且体能完全恢复后，才能再次跑出之前的水平。你可以用我在书中提供的各种练习评估并提升自己的整体活动度，这样你就可以更自如地参与自己热爱的运动，并且对身体做出合理的"预保养"。

第 9 章

不同群体针对性
训练建议

SIT UP
STRAIGHT

我在上一章为 10 种常见病痛提供了相应的解决方案。这一章我要着重谈谈某些特定人群的需求。这些特定人群绝非"少数人组成的亚群体"，他们有男有女，有老有少，有跑步者，有开车的人，还有从事特定体育项目的运动员。他们经常出现某些特定的问题，如夹胫痛在跑步者群体中就是一种常见的伤病。

　　为了给诸如骨关节炎或帕金森综合征患者提供对症的活动度训练方案，我可能需要写上整整一本书。这些疾病非常复杂，患者的情况也因人而异。当这些患者成为我的客户时，我为他们提供的物理治疗方案也一定是高度定制化的。如果你已经读了本书，但不确定某些内容如何应用于你的实际情况，就请咨询你的医师。每种临床处置都有其禁忌症。例如，你若近期罹患过急性心肌梗死，则必须获得医师许可，然后才能从事体育运动或心肺功能训练。对于帕金森综合征这一类严重疾病的患者，医学文献通常会推荐活动度训练，当然，是在保证患者安全的前提下。你不可能只靠卧床休息就能长命百岁。

另一方面，你必须聆听自己身体的诉求。如果你受到纤维肌痛这类慢性疼痛问题的困扰，那么在尝试某个动作时，最好随时留意身体对其做出的反应。如果身体感到疼痛或不适，你就应当停下来，因为这说明你的步子迈得太大了。时候未到，有些事就不能勉强。我不喜欢那种过度强调主观能动性的态度，比如，"疼痛虽然令人烦恼，但只要我咬牙坚持训练，就可以解决问题。"不，你的身体通常不是按照这种规律运转的。在这种时候，你需要稍微后退半步，把强度保持在自己能承受的范围内。你的承受限度只有你自己最清楚。

如果你是长者

80 岁的老年人不可能与 20 岁的年轻人一样，拥有相同的体态和活动度。这一点是毋庸置疑的。年轻人的伤病史更少，不良习惯的持续时间更短，运动模式也更纯粹、更高效。然而随着时间的推移，伤病开始找上门来，不良习惯也开始逐渐累积。这会导致身体机能变差，造成关节磨损，令肌肉过度使用或滥用，进而引发炎症。

随着年岁的增长，自然的力量不可避免地会影响每个人。例如，地球引力会显著地影响我们的体态，以及身体承受负荷的模式。埃里克·多尔顿（Eric Dalton）博士是一位手法治疗师，同时还是一位教育家兼作家。他向我们描述了人体与地球引力之间无休止的竞争，并将体态比作这场比赛的计分板。[1] 总有那么一个时刻，我们的身体不再像过去那样牢靠，开始变得脆弱，某些显而易见的改变开始发生。最典型的例子就是人体的骨架，其平均每 10 年就会"缩水"大约半英寸（约合 1.27 厘米）。人体的老化在 70 岁之后还会进一步加快。我们的椎间盘不再像年轻时那样富有弹性，椎骨之间的空隙越来越窄。我们的整个体态也会越发前倾，不复年轻气盛的模样。地球引力将会逐渐占据上风。

骨质流失

随着年龄的增长，我们的骨质会逐渐流失，骨密度和骨骼强度也会逐渐下降。美国国家航空航天局（National Aeronautics and Space Administration, NASA）曾对宇航员的身体成分变化做过详尽的研究，[2]发现其中变化最显著的就是骨质——唯一的原因可能在于骨质损失最难恢复。宇航员在太空中每月可损失多达1%的骨矿物质，绝大部分的损失集中出现于下背部、骨盆和髋关节。人体有自身的智慧：离开地球引力，骨骼受到的压缩就会减少，身体因而便不再向骨骼中加入钙质，反而将钙质从骨骼中释放出来。科学家通过检验发现，宇航员尿液中的钙含量显著升高。因此，当宇航员完成任务回到地球后，美国国家航空航天局会在他们的食谱中加入多种维生素、钙剂和大量的牛奶。这是个标准的补钙食谱，而与航天科学无关。

美国国家航空航天局还计算了在失重条件下进行力量训练的标准负荷。一名体重68千克的宇航员如果在地球上可以用113.5千克的杠铃做深蹲训练，那么在失重条件下就必须将负重增加到约159千克。为了找到抵抗骨质流失、肌肉萎缩和心血管功能减退的最佳训练方案，科学家们投入了大量的时间和资源进行研究。这样做是为了有朝一日把宇航员送往火星或更遥远的太空。

让我们回到地球。人类在地球上出现骨质流失的原因是缺乏身体活动。这个过程会伴随衰老的逐渐发生。骨质流失会导致脊柱的曲度逐渐增大，[3]并开始前倾。我们的骨骼、肌腱和其他结缔组织中的胶原蛋白会逐渐失去弹性、变脆。使用类固醇[4]、利尿剂和阿片类药物会导致骨密度降低，吸烟或过量饮酒等恶习也会损害骨骼和结缔组织。

看到这里，我们就很容易理解老年人为何骨折频发了。老年人的骨折通常源于骨质疏松的产生。骨质疏松意味着骨骼的质量减少、强度下降，该症状需要通过骨密度扫描确诊。据估算，全世界范围内约有 2 亿老年人由于骨质疏松导致髋部骨折。[5]而女性比男性更容易罹患骨质疏松。女性年龄每增加 10 岁，骨质疏松的发病率就会明显提高一大截。[6]由骨质疏松引起的骨折常见于髋部、脊柱或前臂，直接诱因通常是摔倒。有一个事实需要格外引起我们的警惕：对于 65 岁以上的老年人来说，因摔倒而受伤是导致死亡的头号元凶，其发生率会随年龄的增长不断上升。

同样的外力作用对年轻人可能无关痛痒，但对体力衰弱的老年人却会构成威胁。年轻人在走路时不慎打滑，通常能迅速恢复平衡，继续前进，其结果只不过是一个趔趄，略显尴尬。但对于肌肉力量、骨骼密度、协调性和平衡性都开始衰退的老年人来说，即使最轻微的失足也可能导致摔倒。老年人的骨头已经变得非常脆弱，因此即使是相对轻微的摔倒也可能导致骨折。髋部就是摔倒时最容易发生骨折的部位。在美国，50 岁以上的中老年人每年因摔倒发生近 30 万起髋部骨折。[7]而许多这样的摔倒都是由环境因素所致，如光线昏暗、地面不平或地面过于光滑。值得庆幸的是，我们发现物理治疗干预能将老年人摔倒的概率降低约 30%。[8]

如何才能预防老年人摔倒呢？首先，我们需要消除老年人生活起居环境中的危险因素。例如，保证照明条件充足并清理地面杂物，定期给老年人检查视力等。其次，老年人必须定期锻炼身体，他们可以步行、爬楼梯，做基本的站-坐训练或我设计的髋部和腿部专项训练。最后，我们还应当为老年人加装一些安全设施，如老年扶手。

肌肉流失

大约从 30 岁起，我们的睾酮素和生长激素分泌水平就会逐渐下降。[9]这两种激素是刺激肌肉生长的催化剂。这意味着从 30 岁起我们的肌肉就会逐年流失，从 24 ~ 50 岁总体流失 5% ~ 10%。肌肉量减少意味着脊柱获得的支持减少，因此更容易产生体态问题。除了背部肌肉，我们的臀肌和腘绳肌也会变弱，而后两者对脊柱健康也起着重要作用。[10] 臀肌和腘绳肌过弱或过紧会令人长期处于糟糕的体态，由此导致许多背部伤病。本书中所有针对下半身的活动度训练都有助于保持脊柱的正常功能。

我相信很多读者此时已经发现了一种趋势：种种因素都可能导致老年人的身体前倾，并导致骨骼变脆。弯腰驼背、步履蹒跚、老态龙钟就是上述各种因素综合作用的结果。

然而，实际情况比我们想象的更糟。随着年龄的增长，绝大多数（甚至是所有）衡量健康的生理或生物力学指标都会逐渐下滑。我们的新陈代谢速率、耐力、柔韧性和骨矿物密度在 25 ～ 30 岁达到顶峰，然后就会缓慢而坚定地走下坡路。人类的肌肉力量在 25 岁左右达到顶峰，[11] 在 35 ～ 50 岁基本维持不变，然后就会加速下滑，至 65 岁时相比峰值跌去约 1/4。

值得庆幸的是，年龄增长导致的衰老是逐渐累积的，而且我们能用健康管理计划（如我在本书中提供的练习）对其进行干预。对上了年纪的人来说，生活方式的改变比单纯的年龄增长更能影响身体机能的衰退。例如，成年人的新陈代谢速率在 60 岁之前基本上是保持稳定的，但如果你减少身体活动和运动量，就可能导致其断崖式下跌。

65 岁以上的老年人应当重点维持身体的活动度。有足够的活动度作基础，你就可以更好地掌控自己日常的身体动作。例如，站 - 坐训练有助于强化腿部力量，这样你向后坐到椅子上的时候就不至于突然摔倒。此外，着重训练自己的肌肉力量和身体稳定性，是你主动对抗衰老最有效的手段。

如果你是女性

人们常常问我，你为男性设计的"健康体态训练计划"是否适用于女性，或者你为女性设计的"健康体态训练计划"是否适用于男性。其实两性在健身这个领域总体上是共性更多而差异更少。商家出于营销的目的，通常会刻意凸显或放大两性的差异，但基本上都是言过其实。一个典型的例子就是膳食补充剂。在膳食补充剂行业里流传着一句黑话：如果你想推出一种"专为女性设计的补充剂产品"，只需要把它做得"小而美"就够了。也就是说，同样的成分和配料，装在更小的包装里，外观设计得更花哨些，一款"女性专属补充剂"就诞生了。

绝大多数对男性有效的训练对女性也同样有效，包括本书提到的"健康体态训练计划"。我的意思并不是说两性之间毫无区别，而是说两性之间并无本质差异。男性的肌肉量天然高于女性，但这并不意味着女性用泡沫轴滚压肌肉组织中的触发点时获得的收益就低于男性。两性在内分泌水平上存在差异，男性的睾酮素水平天生较高，更容易增肌或保持肌肉量。然而，性别并不构成影响训练效果的决定性因素。

我在工作实践中发现，女性比男性更容易遇到肩颈问题。这个观察的确得到了一些研究证据的支持。[12] 女性因使用触屏设备而出现肩颈问题的概率是男性的 2 倍。[13] 我们已经知道长期圆肩驼背会导致多种不良后果，但其中的关键还在于胸椎老化的速度。我们的胸椎曲度会随年龄的增长自然增加，这种老化在 25 岁左右就开始了。相比于男性，女性的胸椎曲度随年龄增加的速度更快。胸椎曲度变大会降低活动度，从而导致年长的女性更容易出现椎间盘退化和骨质疏松，以及胸椎的压缩性骨折。

除了颈部疼痛，女性患者另一常见的主诉是下背部疼痛。女性比男性更容易出现下背部疼痛，[14] 这种性别差异从小学左右就会出现，而且贯穿整个成年期。不过我们也知道，女性比男性整体上更加长寿。女性虽然更容易罹患背部伤病，但也更善于带着伤病存活下去。

盆底问题

2013 年，整个 CrossFit 圈子开始热议一种奇怪的现象。由于 CrossFit 的训练强度较高，许多练习者尤其是女性，会在大重量训练时漏尿。[15] 这种情况发生的频率是如此之高，以至于人们开始认定它是正常现象。好吧，盆底松弛确实是常见现象。

根据一项报告显示，受到下背部疼痛困扰的女性有多达 90% 同时也伴有盆底紊乱。[16] 但我们并不应该对此感到习以为常。我虽非盆底领域的专家，但我至少知道这个问题的基本症状表现：

√ 失禁，即在日常活动（如运动）、咳嗽、打喷嚏时漏尿，甚至漏便。在一些情况下，患者在出现尿意或便意时无法有效控制，以至于还没做好如厕准备就提前发生排泄。

√ 盆腔器官脱垂，即子宫、膀胱或直肠由于肌肉力量不足而从盆底下方膨出，甚至脱出。

√ 在排尿或排便时出现排不净，或感到疼痛。

如果你出现上述症状中的任何一条（无论多么轻微），[17] 都要及时向专业人士求助。Myodetox 目前有多位物理治疗师擅长盆底健康领域，而且有越来越多的女性和男性会员前来寻求相关服务。

急 / 救 / 良 / 策

给孕期和产后女性的训练指导建议

如果你是孕期或刚刚经历分娩的女性读者，那么我向你保证，本书中列出的练习是大体安全且有益的。不过在开始训练之前，我还是建议你先参照以下这些基本指导原则：

对于孕期女性

1. 怀孕期间进行运动必须先征得医师许可。

2. 在征得医师许可后，应当在整个孕期都保持运动习惯。

3. 女性在孕期应当每周保持至少3次，总计不少于150分钟的中等强度运动，包括心肺训练（如步行）、活动度训练（如本书第6章列出的各种练习）和力量训练（如深蹲）。

4. 孕期女性应当专门锻炼盆底肌，具体的运动处方应当由接受过专业训练的物理治疗师或其他相关从业者开具。

5. 如果在孕期出现眩晕、呕吐或其他不适，应暂停运动。

对于产后女性

1. 女性在产后进行运动必须先征得医师许可。

2. 其余的所有注意事项同孕期女性。

挎包和背包对体态的影响

日常生活中有许多物件会影响体态、降低活动度，其中包括你的挎包或背包。你可能身为学生，用挎包装着沉甸甸的笔记本电脑去上学；也可能身为家长，背着装满尿布和婴儿用品的背包出门。从电子设备到运动装备再到化妆品，把这些五花八门的东西全塞进一个单肩包里，这听上去是个不错的想法。但这种做法会造成你的左右两肩受力不均，于是身体就会被迫做出不自然的代偿（见图9-1a）。沉重的单肩包还会导致你的上斜方肌过度紧张，最终引起颈部疼痛和许多其他健康问题。

简单的应对方案：首先，给自己减负，别把一切有用的、没用的都装进包里，只携带必需的物品。其次，挑选一个带子足够长的包，将它斜挎在身上——包带挂在右肩，包体位于身体左侧。如此，负荷就能相对平均地分配到你的身体两侧。斜挎虽然不是最优的解决方案，但至少好过单肩挎包。单肩挎包会让所有重量悬垂在同一侧，继而将你的身体拉向一边。

你也可以考虑换一个双肩背包（见图9-1b）。双肩背包比斜挎包更好，因为它能将重量更平均地分配到身体两侧。而且双肩背包对身体造成的负担也更小。单肩挎包或许显得更时尚，但市面上有不少双肩背包的造型也很新潮。

（a）身体两侧受力不均　　　　（b）身体两侧受力均衡

图9-1　背包和挎包对体态的影响

腰椎前凸

腰椎前凸，顾名思义就是脊柱腰椎段的生理曲度过分增大。女性的腰椎生理曲度天生就比男性更大，[18] 这可能与孕产等生理功能有关。较大的腰椎生理曲度有其实际意义：在女性怀孕期间，它有助于减轻背部承受的负荷。这种结构特性的代价则是牺牲腰椎稳定性、降低核心强度，以及增加疼痛发生的概率。与此相反，受到平背困扰的人则更有可能出现腰椎间盘病变。[19]

我在诊疗实践中发现，骨盆后倾的男性多于女性，而骨盆前倾的女性多于男性。这种性别差异或许影响了下背部疼痛的发生。骨盆后倾会导致腰椎后凸，增加腰椎间盘病变的风险。而骨盆前倾会导致背部肌肉紧张、腰椎段脊柱压缩，并与腰椎前凸直接关联。后一种情况在怀孕的女性身上十分常见。如前所述，胎儿不断长大会导致孕妇的身体重心前移，加剧腰椎前凸和骨盆前倾，因此女性在孕期出现下背部疼痛的概率也会逐渐增加。

简而言之，如果你的骨盆后倾，就要注意增加腰椎段的活动度；如果你的骨盆前倾，就要设法强化核心力量。进一步的细节已经超出本书的讨论范畴，因此不再赘述。

两性在肌肉方面的差异

腘绳肌紧张与下背部疼痛密切相关。根据一些研究者的推测，女性在抗阻训练过程中比男性更难激活腘绳肌。这个观点虽然目前尚存争议，但与腘绳肌相距不远的臀大肌和臀中肌（二者加上臀小肌，可以合并简称为臀肌）或许遵循着同样的规律。臀肌的功能差异有助于解释女性为何比男性更易受到下背部疼痛的影响。[20] 臀肌能够稳定骨盆，臀肌功能弱与下背部疼痛直接相关。女性的骨盆比男性更宽，这会使得臀中肌更加紧张，因此女性比男性更容易出现臀肌薄弱。

有些人认为女性比男性更容易出现骨盆周围的疼痛，这一观点得到了统计数据的支持，但两性在这方面的差异并没有想象中那么明显。一方面的原因来自女性的怀孕和分娩。为了顺利完成这两项职能，女性需要更多的盆底肌强化和其他相关训练。女性在孕期分泌的松弛素会导致韧带组织松弛，这可能是导致下背部和骨盆疼痛的另一个原因。所以女性必须更加注重将骨盆维持在中立位，保证其有充分的活动范围，并强化盆底肌。唯有如此，女性才能抵消激素水平变化带来的不利影响。

但这并不意味着男性就不需要盆底肌训练。有一种性别刻板印象认为"男人就不该讨论骨盆周围的问题"，而应该默默忍受，一笑而过。但如前所述，男人的盆底肌其实也会出现功能障碍。[21]

如果你是跑步者

仅在美国就有 3 600 万跑步者，其中近 80% 的人一生中至少会报告一次下肢受伤。[22] 我是主张人们多运动、不久坐的，因此我在这里主要谈论跑步的缺点。也许这会让你有些吃惊，毕竟跑步也是一种运动。但实际上，跑步的生物力学机制是非常复杂的，因此我们最好了解一些相关的事实和规律。

对初学者来说，跑步给身体造成的负荷远高于站立或行走。人体在站立状态下，双腿如两根柱子一般支撑着体重。在行走状态下，人体始终有一只脚停留在地面上。而在跑步状态下，人体实际上是在不断地"向前倒"，两只脚在动作周期中的某些时刻会同时悬空。这种动作模式决定了跑步者的脚每次触地，都会对骨骼、肌腱、肌肉和韧带造成远高于站立或行走的冲击。也就是说，你的体态、生物力学机制、柔韧性、活动度、平衡性和稳定性存在任何问题，都将在跑步中暴露无遗。由此，你的膝关节和踝关节就很容易在跑步中受伤。

本书中的"健康体态训练计划"会对跑步者非常有用。我不认为你应当避免跑步，但你应该在跑步时足够谨慎。你也没必要将跑步作为唯一的心肺运动形式。如果你的目的是提升心率，你大可以改用固定式自行车台或在带有坡度的跑步机上快走。后两者能实现同样的目标，而且不会对你的膝关节造成同样的冲击。

若要减小跑步对关节造成的压力，有效方法之一便是缩短步幅、提高迈步的频率。你每分钟跑出的步数学名叫作"步频"。无论你的跑步配速有多快，理想的步频都是每分钟约 180 步。计算步频的方法很简单：用跑步机或智能手表计时，同时数自己某一只脚在一分钟内触地的次数，然后将这个数字乘以 2。如果你的步频明显低于 180，你受伤的风险就会上升。

跑步机为你提供了一个比户外更稳定的训练环境，因此调整步频最好在跑步机上进行。在跑步机上匀速训练时，你可以很方便地留意步幅或步频改变对运动模式的影响。在理想的步频下，你的跑步姿势将会更加放松，下背部、髋部和膝部受到的冲击也会更小。

你在提高跑步距离时应当循序渐进，每周的增幅不宜超过 10%。如果你第一周跑了 10 千米，那么第二周最多跑 11 千米就好。你还应该控制自己的跑步速度，确保自己在跑步时可以与他人聊天。能够在跑步的同时讲话，说明你此时尚能控制自己的呼吸。这样你就不至于喘不上气，你的心率也不会超过最适合的心率区间。

谈谈跑步姿势

　　我们来做个小实验：保持直立，躯干和膝关节都要伸直，然后让整个身体前倾。此时你会很自然地一只脚向前迈步，将自己的身体"接住"，避免摔倒在地。这就是我们说的"向前倒"。接下来回到初始位置，躯干稍微前屈，膝关节也微屈，成为半蹲的姿势，然后重复一次前面的实验。这一次你会发现自己并没有向前倒，因为你的肌肉主动发力，阻止了向前倒的趋势。但你在跑步时并不需要肌肉这样刻意发力。躯干屈曲的跑步姿势不仅会消耗不必要的能量，还会让肌肉更紧张，身体更僵硬，因而增加受伤的风险（如图9-2a所示）。"向前倒"则是更合理的跑步姿势（如图9-2b所示），这种跑步姿势对身体造成的负担要小得多。

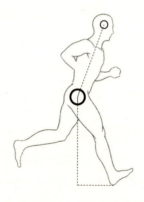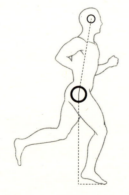

（a）躯干屈曲的跑步姿势　　（b）躯干保持挺直，"向前倒"
　　　　　　　　　　　　　　　　　的跑步姿势

图9-2　跑步姿势

本书中是否有与跑步直接相关的训练呢？有的。跑步主要涉及躯干、背部及髋、膝和踝关节，因此我建议你使用本书第 6 章的练习 5（体侧屈）、练习 7（髂腰肌全向拉伸）、练习 8（髋部拉伸）、练习 9（下肢时钟）、练习 10（屈髋上肢时钟）、练习 11（足部旋前-旋后）和练习 12（大脚趾伸展-小腿肚拉伸）。此外，在每次跑步前后，你都可以使用泡沫轴滚压以下部位：中背部、腹部、臀部、腘绳肌、股四头肌、小腿后侧和胫骨前肌。

如果你经常开车

驾驶车辆是很容易影响体态的。在驾车状态下，我们的一条腿长时间保持伸展，从而导致身体的后链、坐骨神经和骨盆承受过大的负荷。在"零工经济"[①] 大行其道的当下，许多人每天都会花大量时间开车。在大城市开车通勤的上班族也是如此。新冠疫情期间的居家办公让许多人免于这种日常折磨，可一旦通勤禁令解除，大家重返办公室，我们的脊柱就又要开始经受折磨。

许多人在开车时会保持一种很糟糕的坐姿：一侧手臂搭在方向盘的上边，躯干向另一侧扭转。这种体态破坏了脊柱正常的上下排列模式，令脊柱从侧面看上去呈"S"形（或反写的"S"形）——这正是脊柱侧弯的排列模式。对这种坐姿缺乏觉察，会让我们付出巨大的代价。我们在到达目的地、离开车辆之后，身体常常还保持着这种侧弯姿势。

你可能会说："等等，我开车的时候得专心致志，哪能顾得上关注坐姿呢？"如果你认为坐姿很重要，自然就会留神关注它。让我来教你一种对脊柱更友好的驾驶坐姿吧。保持身体挺直，保持警觉。座椅靠背不要垂直于地

---

① 零工经济（gig economy）：指以网络平台为基础，以独立自主且有特定能力的劳动者为主体，以碎片化任务为工作内容，工作时间、地点、方式灵活，最大限度实现供需匹配的新兴经济模式。——译者注

面，而应略微后倾，保持 100° ～ 110° 的角度。座椅靠枕的上端应当低于头顶、高于耳尖。腰椎应当与座椅保持轻微接触，髋关节的位置略高于膝，在双腿和座椅之间留有一点空隙。你的视线应该从方向盘上方至少 7 厘米处通过。你的双手应当既能舒适地握持方向盘，同时肘关节又能保持微屈。最后，你还应该调整后视镜的角度，确保自己不用歪着脖子也能看清车后方的状况。

许多航班和船运在新冠疫情期间被迫中断，这使得开车自驾变成了更流行的消遣方式。你应当在长途驾驶过程中尽量保持上述坐姿。如果可以的话，隔 1 小时就应该停车休息一下（记得要把车停在远离车流的安全位置）。在休息期间可以做一些拉伸或活动度训练，尤其是第 6 章的练习 1（身体变速箱）、练习 2（颈椎屈伸）和练习 3（胸椎旋转）。你的车辆最好配有"一键恢复驾驶模式设置"的功能，这样当你结束休息，回到车内时，只要按一下按钮就可以让座椅、方向盘和后视镜回到正确的位置。如果没有这样的功能，你就只能自己记住相关设置，并且每次手动调节。花一些心思关注这些细节，你就可以在驾驶过程中保持良好体态，保护脊柱健康，从而安全、舒适地到达你想去的地方。

如果你参与特定的体育运动

拳击

问题描述：拳击的站架要求胸椎、胸廓和骨盆像发条一样收紧，这样出拳才能有力。与此同时，你必须始终向一侧偏转颈部，并保持双眼直视目标。这种持续的扭转会对相关部位的关节、肌肉和神经造成很大的压力。

在拳击运动中另一个容易受伤的部位是肩袖肌群。拳击运动员和拳击爱好者在站架时要保持肩部的内旋，在出拳和收拳时又会对肩部施加巨大的向心力和离心力，因而常常容易受到肩峰撞击综合征的困扰。你可以试着将一条手臂伸直，横抱在自己胸前，如果在此过程中感觉到肩部紧张，说明你已经一定程度上出现了肩峰撞击。

解决方案：在拳击运动中，你的背阔肌承受的负荷是最大的，尤其是在出拳落空的情况下。保持背阔肌的活动度能有效避免肩袖肌群损伤和肩峰撞击。你可以在侧卧状态下，将下方的手臂伸直举过头顶，用泡沫轴滚压背阔肌。在训练中你应当注重发展躯干向对侧旋转的活动度。在左右旋转的过程中留意自己身体的哪一侧倾向于被过度拉长（另一侧通常过紧），然后设法通过训练平衡这种差异。另外你还需要对颈部和肩部做活动度训练。本书第 6 章的前 4 组练习（身体变速箱、颈椎屈伸、胸椎旋转和背阔肌动态拉伸）有助于提高你出拳动作的质量。

高尔夫

问题描述：高尔夫运动要求人体像弹弓一样进行收－放的发力，这一点与拳击很相似。大幅度地挥杆击球动作要求我们的髋关节做出很好的旋转。髋部紧张的人很难充分扭转躯干蓄力，也很难全力挥出球杆。为了增加击球的力量，他们很容易使用身体其他部位做出代偿，从而对下背部造成额外的压力。

找一张椅子坐下来，抬起一条腿，屈膝尽力靠向同侧胸腔，然后保持屈膝角度不变，尝试将这条腿的膝关节拉向对侧的胸腔。如果你无法顺利完成这个动作，就说明你的髋关节活动度不足，这样一来，你在打高尔夫球时就更容易受伤。

解决方案：高尔夫运动员或爱好者应当首先注重增加胸椎、肩部和髋部的旋转活动度。为此你可以使用本书第 6 章的练习 1（身体变速箱）、练习 3

（胸椎旋转）和练习 10（屈髋上肢时钟）。其次，你需要提高双脚的活动度，这样在挥杆动作中才能最大限度地利用身体的活动度。练习 11（足部旋前-旋后）有助于实现这一目的。高尔夫运动中的这种旋转模式同时也适用于其他各种涉及投掷和挥舞的运动，包括但不限于网球、橄榄球和棒球。

多平面运动（如足球、橄榄球和篮球）

问题描述：所有的多平面运动都会对骨盆和下背部造成很大的压力。我们在这类运动过程中需要在加速和减速的同时改变方向，这要求我们对核心有足够的控制力，还要求我们的上肢和下肢具备足够的肌力。如果我们缺乏足够的控制力和肌力，在运动过程中就只能退而求其次，使用髂腰肌、大腿内收肌和外展肌承受负荷。

仰面躺平，将右脚放在左膝上。你是否会感到右侧髋部或臀部有被卡住的感觉？或者，你是否会感到大腿内侧的紧张？如果出现上述任何一种状况，说明你的下肢带肌[①]已经为身体其他部位的问题做出了代偿。

解决方案：你需要专门用泡沫轴滚压大腿内收肌群和髋外展肌群。为了在球场上跨步、转身、停止和启动时降低受伤风险，你还应该强化自己的核心力量。为了提高活动度，你可以采用本书第 6 章的练习 3（胸椎旋转）、练习 7（髂腰肌全向拉伸）、练习 8（髋部拉伸）以及练习 9（下肢时钟）。

自行车运动

问题描述：自行车运动在全世界范围内的流行程度仅次于跑步，可用

---

① 下肢带肌：又称为盆带肌，负责将躯干和腿连接起来，包括髂腰肌、盆底肌、臀大肌和髋外展肌群等。——译者注

于私宅或健身房的室内固定车台进一步推动了自行车运动的普及。自行车运动有助于锻炼心肺并强化腿部力量，但其潜在的问题也不容忽视：在骑自行车时，我们实际上是以非常极端的角度久坐。因此，自行车运动爱好者们应当心怀警觉：你在从事自己热爱的运动时，很容易受到与久坐相关的问题的困扰——在这一点上，你与坐在电脑前敲键盘或长时间开车的人并无本质区别。

解决方案：所有与"长时间保持固定体态"背道而驰的练习对你来说都很重要。鉴于自行车运动本身就包含久坐，你需要采用的练习也会相应变多，包括本书第6章的练习1（身体变速箱）、练习2（颈椎屈伸）、练习3（胸椎旋转）、练习5（体侧屈）、练习7（髂腰肌全向拉伸）、练习8（髋部拉伸）、练习9（下肢时钟）和练习10（屈髋上肢时钟）。这些练习的整体目标在于活动胸椎，打开胸部并拉伸髂腰肌。别忘了拉伸腘绳肌，它在骑自行车的时候可从来没闲着。此外你还需要用泡沫轴滚压中背部、腹部、臀部，以及大腿和小腿的前后侧。

如果你为了提高骑行的运动表现而进行力量训练，那么千万别忘记强化臀肌。臀肌的基本功能是维持骨盆在冠状面上的稳定，而自行车的车架已经创造了冠状面上的稳定性，因此这些肌肉在骑行过程中鲜有用武之地。在力量训练过程中，你应当在总体上更加偏重于那些在骑行时不会用到的肌肉。

游泳

问题描述：游泳是一种非常好的全身运动，既能强化心肺，又能增强肌肉力量。不过游泳运动员和游泳爱好者经常会出现特定类型的肩峰撞击，我们称之为"游泳肩"。一般的肩峰撞击综合征会造成肩部活动受限，而游泳肩通常会导致肩部稳定性变差、活动度过高。

人在水中时往往处于不自然的状态，因为水的浮力会部分抵消地球引力的作用。也就是说，我们的身体在游泳时处于一种新的环境，遵循着一套新的规则。身体一旦习惯在这种"异常重力"条件下高效运转，那么在回归正常环境后效率就可能降低。

你可以做个小测试：右手从右肩上方伸到背后，做一个"搓背"的动作，同时左手从左肩下方伸到背后。尝试让自己的双手碰触。然后双手交换角色，再尝试一次。如果两只手无法顺利碰触，或者任意一侧肩部在此过程中感到不适，就说明肩关节活动度有所欠缺。

解决方案：我在第 8 章介绍了一些应对肩峰撞击综合征和减轻疼痛的做法，这些做法同样适用于游泳运动员和爱好者：

√　增加肩部的活动度。

√　强化肩关节周围的肌肉力量。

√　提高肩胛的稳定性。

本书第 6 章的练习 3（胸椎旋转）和练习 4（背阔肌动态拉伸）能增加胸椎和肩部的活动度，提升你在游泳时的运动表现。同时你可以多用泡沫轴滚压自己的中背部，让肩部在运动时更加平顺。第 8 章图 8-3a 至 8-3d 的小练习对缓解肩峰撞击综合征非常有用。经典的"T"和"Y"字背部训练也能帮助你确认肩部可动域的受损状况，并针对性地提供强化。

第 10 章

以整体视角看待
脊柱健康

SIT UP
STRAIGHT

现在你要考虑的问题：如何将在本书中学到的知识和技能运用到日常生活中去。无论你对活动度训练一无所知，还是属于运动老手，在阅读本书之后，你都应该积极遵循和实践"健康体态训练计划"及活动度训练。对脊柱进行"预保养"，并积极参与你喜欢的运动，这样做不仅对身体有好处，而且能令你的身体机能得到最大限度地提升。反之，如果你对体态不闻不问，也不做任何活动度训练，那么即使你住在健身房不出来，结果也不会比终日瘫坐在沙发上好到哪儿去。我们在本章会再次谈论第 5 章提到的 3 个重要原则（3C）：创设、掌控和赋能。希望你能充分地掌握这些原则。

掌控：控制你的身体，控制你的核心

本书的大部分内容其实都围绕创设、掌控和赋能 3 个原则展开。第 6 章中的获得健康体态的 12 种练习（及其变体）大多以"创设"为核心要务，即通过活动度训练发展出足够的活动空间或关节活动范围。每一项练习中都包含着"掌控"的要素，也就是说，你需要有一个力量基础才能很好地完成这些练习。当你重复这些练习以至熟能生巧，并且在生活中看到自己的体态发生改变时，你也就自然得到了赋能。但这里还遗漏了一个关键要素，那就是对核心的掌控，或者说核心控制力。

核心控制力对身体在静态和动态下的体态维持都非常重要。常见的核心训练动作包括卷腹、仰卧起坐和平板支撑，这些动作都有助于强化你的腹直肌和腹斜肌。但"六块腹肌"或"平坦的小腹"远非核心的全部。你身体各处的受力和发力都需要通过核心传递。你的核心肌群环绕着躯干和骨盆，有了这些肌肉，你的动作才会有力、有效且稳定。核心控制力能为特定的运动（如举重或搬运重物）或爆发力（如投掷或踢球）。在这些运动中，你的下肢带肌和骨盆相对于四肢必须保持稳定，然后才谈得上运动表现。

你在日常活动中还须保持一定程度的稳定性。如果两个结构之间缺乏必要的连接，灾难性的后果就会接踵而至。髂腰肌紧张（常见于冰球、体操和舞蹈运动的参与者）就是一个典型的例子。髂腰肌紧张会导致个体在几乎所有活动中出现骨盆前倾。当他们跑起来的时候，身体在悬空的状态下无法充分将髋关节和下背部连接，下背部就会受到更强的冲击。他们紧张的髂腰肌（及臀部的外展肌群）代替核心发挥了作用。适应性代偿是人类与生俱来的本能，只不过这种本能有时会导致负面结果。

核心控制力不是本书要讨论的重点，但如果你希望进一步提高运动表现，就必须进行有效的核心训练，无论你是打算初次尝试冲浪，还是希望加入一个业余软式棒球俱乐部。核心训练都能填补活动度训练和力量训练之间的空白，这是一条放之四海而皆准的原则。

赋能：有关力量训练的一些基础常识

有没有什么办法能对抗自然衰老导致的肌肉和骨质流失呢？当然有。

其中一种办法就是抗阻训练（即力量训练）。我们在第 9 章讨论了随年龄增长而出现的力量衰退。如果你能规律地训练自己的肌肉，那么这种自然衰退就会被训练产生的进步抵消。不做力量训练、不设法维持肌肉量和骨量，而只维持活动度是行不通的。如果你从来没做过力量训练，就应该去学。如果你已经开始训练，请继续保持。力量训练并不一定意味着"撸大铁"或举沉重的杠铃，其形式可以多种多样，包括固定器械训练、固定配重（如哑铃）训练、自重训练（如瑜伽、俯卧撑、爬楼梯、户外徒步）及弹力带（普拉提核心床也算）训练。这些训练形式在新冠疫情爆发前就已经普及，其中有一些非常适合居家练习。

　　每个人都是独一无二的，没有哪一种训练形式适合所有人。你必须基于自身的情况和目标，找到最合适自己的训练负荷、次数和组数。定期切换动作或训练形式也很重要。如果你总是做同样的训练，你的身体就会逐渐适应，然后你就无法更进一步。身体有自己独特的智慧，因此你必须"迫使"它不断在新的挑战中成长。这也是赋能原则在训练中的意义。赋能意味着你能够应对逐渐增长的运动负荷。以传统的俯卧撑为例，你的肩关节可动域和力量足以完成一个标准的俯卧撑，这很好，但你能连续做多少个呢？你能像练瑜伽一样用非常慢的速度做俯卧撑吗？你能做击掌俯卧撑吗？俯卧撑的难度可以不断提高，但这不是重点，重点在于你要对自己赋能。你的能力决定了你在一个特定身体动作中的表现水平。你应当不断提升自己的能力，尤其是肌肉力量，这样你才能迈进一个全新的天地。

抗阻：多关节运动与多平面运动

　　为了最大化抗阻训练对肌肉和骨骼的益处，你应该在多个平面上做涉及多关节的训练动作。这类训练动作通常比孤立训练和单关节动作难度更高。我们不妨以传统硬拉为例。硬拉动作通常需要你掌握基本的举重技术，即正确地运用背部、臀部和整个腿部的肌肉发力。这涉及许多关节的同时运动。

这些运动是发生在哪个平面上的呢？硬拉基本上是一个矢状面动作（在侧面看来的前-后方向），基本不涉及任何旋转。传统的训练者要求我们的身体保持在矢状面上，尽量避免任何侧向的剪切力。但这种运动模式如何与功能性连起来呢？要知道，硬拉虽然很难完成，但在日常生活中你很少在这么一个孤立的平面上搬起重物。例如，你打算俯身抱起自己的孩子——他们可能位于你的正前方，也可能位置偏左或偏右一些，于是你不得不在动作过程中旋转躯干。我们的日常生活总是由多平面、多关节动作构成的，你需要将实用性和功能性纳入自己的考虑中，并在训练时创生出无穷无尽的变化。

一种更加明智的训练思路就是找到自己身体长久以来存在的薄弱环节，并且有意识地对其进行强化。你在年轻时可能有过许多艰苦训练、带伤上阵的体验，积累了一些精神上或身体上的损伤，即你的身上带着心理层面或事实存在的伤疤（瘢痕组织）。你不应该对这些损伤视而不见，但我并不会建议你因此放弃训练，而是建议你在可承受的范围内进行循序渐进的训练。如果你的伤痛加剧，但还是想要继续训练，就做一些你熟悉的动作。如果疼痛程度是你可以忍受的，那再好不过。如果做 20 秒的平板支撑让你感到无法忍受，就尝试做两组，每组各 10 秒。总之，你应该调整训练强度以适应自身的状况。

行动指南
SIT UP
STRAIGHT

正念是一个很流行的概念。在训练时保持正念有利于你的长期健康，同时也有助于避免伤病。每次举起重物时，你都应该专注于动作，千万不要走神。我在 Myodetox 接诊过无数因忽视正念而受伤的患者。例如，有些患者漫不经心地试图搬起沙发或以很别扭的姿势弯腰捡东西，只听"啪"的一声，腰受伤了。

我们必须想清楚自己需要做什么，然后以正确的方法去做。想要搬起沙发，就应该摆正姿势，屈膝、收紧核心，然后非常认真地做动作。如果你已经上了年纪，那么你该做的事可能不是自己动手，而是花钱雇人帮忙。虽然你的钱包会出点血，但你的脊柱对此说谢谢。

休息：劳逸结合，自我照护

如何判断自己是否训练过度或休息不足？最简单的衡量指标就是疼痛。如果你发现自己动作质量明显下降（如动作幅度变小或活动度降低），这其实是身体向你发出的信号：该休息一下了。

无论你练什么、怎么练，只要你真的需要休息，那么停训一周也无妨。这样的间歇能让身体的各个系统充分得到恢复，包括中枢神经系统、骨骼肌、肌腱和各个关节。人在训练中常常抱着一种"逆水行舟，不进则退"的焦虑感，但实际上你的训练收益并不会那么快就消失殆尽，除非你彻底停止训练，偷懒好一阵子。不舍得花几天或一周时间休息，而只是一门心思埋头苦练，往往弊大于利。持续不断的训练会消耗你的身体，令恢复变得越来越困难。要知道，我们的身体在举重、冲刺、骑车上坡的过程中是不会成长的——成长只会发生在休息的时候。许多人恰恰忽略了这一点，因而过度压榨自己。

谈到休息时机的选择，我并没有一个绝对精准的"休息频率"建议。每个人的身体状况不同，训练水平也不同。有的人可以每周训练两三次，每次 30 分钟；另一些人则可能在备战马拉松比赛，或者每周 7 天都在训练。这两类人的情况是绝对不同的。不同的人需要不同的训练–恢复节律，我们只能认真关注自己身体的实际需求。许多人在训练时遵从自己的本能，我认为在恢复这件事上我们也要遵从本能。如果你发现自己趋于耗竭、激动易怒或早晨醒来时疲惫不堪，有可能就是训练过度惹的祸。

如前所述，疼痛或动作质量下降就意味着需要休息。通常情况下，当你看到自己的动作质量下降时，例如，在动作过程中失去平衡、无法做到平常的动作幅度、在动作过程中出现不适或在训练开始后不久就感到酸痛，就应该停下来休息。若未经充分休息就继续训练，你的活动度和力量就会有所欠缺。另外还有一些明确提示需要休息的"硬指标",包括在运动过程中发现自己呼吸困难、胸口疼痛或心率过高(虽经短暂休息却无济于事),出现这些征兆时,你也应该暂时停训,选择休息。

当然,你在做本书提到的活动度训练和体态训练时,是不大可能需要停训休息的。第6章的12种练习不像一般的抗阻训练或心肺训练强度那么大。在这些练习中你虽然需要用身体做出各种幅度的动作,但强度却相对较小。因此在整个过程中你可能完全无需休息,除非个别动作让你在精神上感到疲惫。若这种情况真的出现,你可以稍微缩短练习时间。我知道你竭尽全力想把这些练习变成日常生活中的习惯,但其实你无须如此过度拘泥于任何习惯。

睡眠:最容易被忽视的一件事

我在接受物理治疗师培训的时候,通常每周一到周五上课,每周四到周日则组织聚会和各种活动。我在那段时间的生活方式是疯狂而不可持续的。作为聚会的主人,我必须接待形形色色的人,从一个桌子转到另一个桌子,确保所有人都玩得开心。大家总是想拉我一起喝一杯,而我在这种时候总是会撒谎说:"稍等一下,我马上回来。"然后我就会找个没人的屋子,悄悄学习半小时。等我回来时,我就假装一副很开心的样子,"这个聚会真棒,不是吗?"接着我又会撒一个类似的谎,逃掉一轮酒,再回去继续学习。

我在学校里成绩很好,代价则是牺牲了大量的睡眠。我总是在课堂上睡着,并因此获得了"上课睡觉之王"的称号。每个人欠下的睡眠债最终都是要还的,无人例外。没有足够的睡眠,我们就不可能对自己的身体实现"预保养",我自己就是个活生生的例子。对绝大多数人来说,每晚7~8小时的睡眠是不可或缺的。睡眠能让我们的肌肉获得自我修复,让许多重要的激素（包括男性的雄激素）得以分泌，并且使椎间盘在此期间解除压力、恢复形状、补充水分。

人体内的同化激素如生长激素，是在夜间睡眠状态下集中分泌的。如果你某晚只睡两三小时，你的肌肉就会失去这一晚的生长激素份额。如果你在一段时间内持续缺乏睡眠，你的身体代谢葡萄糖、产生能量的能力就会下降。为了保证自己的睡眠质量，你应该每天到点就躺下，睡前洗个热水澡，喝点花草茶之类的饮料（但千万别摄入咖啡因），也可以做点冥想。

SIT UP STRAIGHT
急 / 救 / 良 / 策

留意自己的睡姿

错误的睡眠会毁掉"健康体态训练计划"练习的成果，而错误的睡相会影响脊柱的健康。错误的睡姿是一些脊柱问题的根源。许多人在上床睡觉时感觉尚好，但睡醒后就会感到背部酸痛、僵硬。已经受到背部疼痛困扰的人在睡醒时还会感到疼痛加剧。之所以出现这些问题，很可能是因为他们采取了错误的睡姿。

人类基本的睡姿有三种：

√ 侧卧。

√ 仰卧（脸朝上）。

√ 俯卧（脸朝下）。

没有哪一种睡姿普遍适用所有人，我们也无从统计哪种睡姿对脊柱健康和日间体态最有好处。俯卧总体上对脊柱造成的压力最大，而侧卧对脊柱的影响最小。另外侧卧对患有睡眠呼吸暂停综合征（轻者表现为打呼噜）的人也比较友好。仰卧则有利有弊：对颈椎比较友好，但容易影响腰椎。如果你习惯仰卧，可以考虑在腿下面垫个枕头作为支撑。

需要注意的是，人们在睡眠过程中会频繁变换睡姿。即使是睡姿最健康的人，从关灯开始到闹钟响起，也会改变睡姿 10 ~ 30 次。你可以尝试一下不同的睡姿，看看自己在哪种姿势下睡得最好。例如，你发现自己侧卧最容易睡着，就保持这个习惯。或者你发现自己早晨醒来时感觉很糟，下次入睡时就不妨调整睡姿。

如果你的睡姿不错，但仍然感觉自己睡不够，就最好别在深夜看电视或使用电子设备。美国国家睡眠基金会（National Sleep Foundation，NSF）发现大约 50% 的成年人因为看电子产品而推迟睡眠。这个糟糕的习惯会严重影响睡眠质量，你应该在晚上快要上床之前调暗灯光，并且保持每天在同样的时间入睡和起床，包括周末在内。规律的睡眠时间安排有助于身体习得规律的睡眠周期，也有助于避免白天犯困。

第 11 章

让良好体态成为持续一生的习惯

SIT UP
STRAIGHT

大多数人遵循的个人卫生习惯都是从很小的时候就开始习得的。我们从小就被教导要勤洗澡、常洗头发、勤换内衣、饭后刷牙。通常情况下，父母不会在一开始就向我们解释不遵循这些卫生习惯可能导致的后果，如龋齿、头屑或粪-口传播疾病。他们只是要求我们照做。有些孩子不肯照做，于是就会变成大家嘲笑的对象。无论男女老少，谁都不愿意因为卫生习惯差劲儿而遭到别人的嫌弃。

　　随着时间的推移，我们的卫生习惯变得越来越精细化：我们不止用洗发水，还要用护发素；我们不但刷牙，而且使用牙线，最后还要用漱口水；我们在洗完脸之后涂保湿乳，定期修剪指甲，甚至还会除掉某些体毛。

　　然而，大多数人并没有同样把脊柱和肌肉的健康放在心上，许多人甚至对此一无所知。既然你已经读到了这里，希望你不再是他们当中的一员。我在本书中为你提供了一整套改善脊柱和肌肉健康的计划，实践这个计划就意味着对身体进行"预保养"。我将在这一章里谈谈如何将这套计划变成持之以恒、牢不可破的习惯。

有一种说法称，人们需要 21 天才能养成一个新的习惯。这个数字在健身行业已经成了一句魔咒。每个身材走形的人都想用 21 天改变自己的坏习惯，并养成好习惯。他们也许是受到热衷运动的榜样的影响，希望通过运动变成榜样的模样。于是他们设定好目标，满怀希望，踏上了自己的"改变之旅"。

遗憾的是，最终真正能实现改变的人寥寥无几。一些大的健身网站为用户提供了追踪运动习惯的工具，我们从数据中可以看到，许多人的"改变之旅"很准时的停在了第三周。第一周就半途而废会令人非常尴尬，但第二周就会有一个很好的借口出现。人们在此时可能会产生一种不切实际的愿望，想要立刻看到改变发生，否则就感到难以为继。"我敢肯定，现在我身上已经出现了某种改变。"人们可能会这样对自己说。然而，许多人有所不知的是，虽然内在的改变已经开始出现，但外在的改变往往需要更长的时间才能显现出来。这个道理对于任何事情都是适用的。

行动指南
SIT UP
STRAIGHT

从微习惯开始，将"健康体态训练计划"纳入自己的日常生活中去。

若要确保某种目标导向的行为变成习惯，你需要保证每一步操作都足够简单、有趣、有效。更重要的是，这些操作不应该与你生活中的其他方面构成冲突。我刚开始做物理治疗工作时，总是恨不得塞给客户一个厚厚的笔记本，上面列出了数十种练习，足够他们每次在家练上 1 小时。这是行不通的，没人会按我说的去做。

基于我的经验，帮助患者养成健康习惯的最好做法就是渐进式教学，即每次只教一点点，积少成多，最终促成显著的变化。我每周最多只会教患者两个动作，我会告诉他们："回去之后练习这两个动作。我要你每天早晨都练一次。定一个 5 分钟的闹铃，然后去做，就这样。下周见面的时候，告诉我效果如何。"当患者学会了这两个动作，并形成习惯之后，我会再教两个新的动作，也可能是某个旧动作的变体或进阶版本。

我的患者们不仅能接受我这种教学方式，而且能通过这种设置逐渐增进对自己身体的了解。等到我的教学结束时，他们自然就习得了管理健康问题和疼痛的正确方法。

这种习惯性的做法有时被称作自动化行为（automatic behavior），与之相对的则是反思性行为（reflective behavior）。如果你在同样的提示每次出现时都重复同一个行为，那么该行为就已经变成了你的习惯。顾名思义，自动化行为是很难被抑制的，因而对个体的生活可以产生巨大的影响。正如威尔·杜兰特[1]所言："我们就是自身不断重复之事。"我们的习惯最终会定义我们是什么样的人。

离开自己的舒适区，尝试改变自己的行为，这会让人感觉很糟糕，尤其是在刚开始的时候。我们必须承认这一点。这件事并不好玩，非常消耗人的心力。但随着时间的推移，当新习惯逐渐建立起来之后，事情就会变得越发容易。我们在一开始必须用到大量的自控力，不断提醒和监控自己的行为。不过一旦习惯成自然，同样的行为就不会再占用我们那么多的心智资源了。

养成习惯的好处在于，通过这个过程，我们更容易实现并维系长期的行为改变，这比总是依赖自控力要容易得多。一旦某种行为成为默认选项，即使动机减退、面临巨大压力或无暇旁顾，我们也不至于临阵退缩，逃回旧的习惯中去。

---

① 威尔·杜兰特（Will Durant）：美国著名学者，普利策奖、自由勋章获得者。主要著作有《世界文明史》等。——译者注

再谈久坐的习惯

目标导向行为和习惯都依赖于大脑中的各种神经网络和信息处理过程才得以实现，这些系统非常精妙复杂。以强迫症为例，这是由大脑的习惯网络紊乱导致的行为过度僵化。对某些强迫症患者来说，开门前擦一遍门把手是不够的，必须擦 20 遍才行。

行动指南
SIT UP
STRAIGHT

无论在哪里、做什么，都别忘记活动度训练。

你应该每天做活动度训练，正如每天都要刷牙那样。活动度训练并不是持续做一年就可以管用一辈子的东西。你很容易废弃新习惯，回到旧习惯。当你做大事、忙工作、同时处理多项任务……的时候，你很容易回到原来的老路子上。那些旧习惯还会不时诱惑着你。别忘记你的目标，也别想当然，而要像园丁养护植物那样时时关注自己的体态，并持续进行活动度训练。你连续多年规律地给植物浇水，它们就会生机勃发。如果你整整一年忘记浇水，它们准会死光。

一旦习惯深入大脑，在神经回路的层面上巩固下来，它就会变得牢不可破，除非情境线索或提示发生改变。你用牙线清洁牙齿的习惯就是这样养成的。提示这种行为的情境线索是"每天早晨出门前必须先刷牙"。在刷完牙之后，你可能就会不假思索地拿出牙线。

行动指南
SIT UP
STRAIGHT

如果你在一开始养成习惯的时候需要利用奖赏，那么应该让奖赏与行为同时出现，而非用奖赏作为行为的提示线索。例如，一杯咖啡可以成为很好的线索，但如果你每次运动之前都要先喝咖啡，"哄"着自己运动，那么你的习惯就很难持久。在理想状态下，你希望自己能因为某种行为符合自己的价值、令自己愉快而不断重复它。因此，一边做运动一边听自己喜欢的音乐，也许是更好的奖赏。

依赖情境线索有时也会引起反效果。例如，搬家会导致你的情境线索发生改变，但这种改变多半不会影响你刷牙和使用牙线的习惯，因为它们已经如此根深蒂固，以至于搬家产生的影响显得微不足道。然而更加复杂的行为习惯就较容易受到情境线索变化的影响。例如，你最近搬了家，之前的运动习惯或许就比较容易被打破。去健身房运动需要做一系列准备：穿上适合的运动服，配一瓶运动饮料，然后钻进车子，前往某个地方……行为中的环节越多，要养成习惯就会越困难。

这和"每天花几小时久坐"有什么关系呢？想想看，每天早晨来到办公桌前，或者钻进车子，准备开始漫长的一天时，你并不会专门权衡"坐"这个动作的利与弊。你只是不假思索就坐下来了。这样不好。你要养成的习惯是避免久坐，定期站起来休息一会儿。定时提醒自己站起来休息，这个行为包含的环节并不多，因此不能说是一个很难养成的习惯。

养成"每天做健康体态训练计划练习"的习惯就会稍微困难一些。在手机或手表上设定 30 分钟的倒计时，每当闹铃响起时就站起来走走、活动一下身体，这是一回事。完成本书第 6 章的 12 组练习则是另外一回事——何况你可能还想再加入一些自己想要练习的动作。为了养成这个习惯，你打算采取什么样的做法呢？

行动指南　　　合理规划工作，每次完成一段工作后就站起来活动一下。例
SIT UP
STRAIGHT
如，你可以为自己规定，处理完手头的邮件之后，先起身活动，再继续处理下一项工作任务。如果在办公室里到处走动显得很尴尬，就去一趟茶水间，给自己冲一杯咖啡或泡一杯茶。在工作间歇弄点饮料喝还会带来意想不到的好处：水喝多了，你就需要去厕所，于是"不得不"再次起身活动一下。

我在上面提到，在手机上设定一个 30 分钟的倒计时，让闹铃提醒你起身走动，这种做法有助于避免长时间久坐。这个建议乍一听似乎天衣无缝，但你要知道，无论我们如何像巴甫洛夫那样操控情境线索，人类总是有一种与生俱来的因循守旧倾向。

威尔士卡迪夫大学的卡塔日娜·斯塔沃兹（Katarzyna Stawarz）博士是人机交互领域的专家。人机交互是一个计算机科学与心理学的交叉学科。斯塔沃兹博士的专长是研究利用应用程序提高行为依从度（如服药）。我很喜欢用电子设备作为提醒人们定时起身活动的工具，因而对该领域的研究非常感兴趣。我也希望电子设备能用来提醒人们检查自己的体态并保持坐直。"这种提醒比较难以见效，因为人们常常倾向于忽略屏幕上弹出的提示，"斯塔沃兹博士如是说，"如果你很机械地设定每 30 分钟出现一次提示，那么这种提示可能会恰好发生在工作过程中，这样你就很容易无视它。电子设备的提示有时候还会干扰工作、令人烦躁。所以过不了多久，你大概就会完全拒绝留意它们。类似的情况在以往的研究中曾多次出现。"

斯塔沃兹博士和她的同事们正在开发一种更智能的应用程序，以便提醒人们养成按时服药的习惯。该应用程序的原理是从用户的日常生活中找到特定行为，并将其作为触发服药行为的线索。例如，"每次吃早饭的时候，你就应该顺便服药"，或者"在吃晚饭的时候，同时服用维生素 D 滴剂"。她认为同样的技术也可以用来提醒人们避免久坐、定期活动，例如，"每当你完成一项工作任务时，就站起来散个步"。如果某个应用程序能将你日常生活中的各种活动彼此联系起来，就能更有效地帮助你养成习惯。这相比于·"别忘记做拉伸""记得在起床之后立刻做拉伸"，显然是更有效的提醒。

第 12 章

从现在开始，
行动起来

SIT UP
STRAIGHT

那还是我 20 岁出头、接受物理治疗师训练时发生的事。某天早晨我醒过来，在自己的左边脖子上摸到一个弹球大小的肿块。我本该第一时间就对这个肿块引起警觉，但我忽略了它。我们在年轻的时候总以为自己的身体不会垮，任何问题都只是暂时现象，最后总会自行消失。但这个肿块并没有自行消失，过了几个月，它从弹球大小长到了高尔夫球那么大。我终于去看了医生，然后被转诊到一位耳鼻喉科专家那里。

那个肿块是一个喉部肿瘤，但并不能简单地把它切掉完事，因为这个肿瘤距离我的声带实在太近了。为了确认它是否已经癌变，我接受了一系列的检查，其中一项是将一根 iPhone Max 手机那么长的探针插进我的脖子里。即使如此，医生还是没能马上得出结论。

你应该能想象我当时的心情。我感到万分焦躁，急得抓心挠肝。前一刻我的大脑感觉那个肿瘤仿佛变小了，下一刻又忽然感觉它变大了。检查结果最终表明这个肿瘤还在不断长大，而且已经压迫到我 2/3 的颈动脉——

没错，就是负责为我的大脑供血的大血管。

最终，一名外科医生这样向我解释："听好了，肿瘤长在你的左侧迷走神经上。这根神经影响着你的心、肺和左侧声带。你的右侧迷走神经应该能代替左侧神经，维持你的心脏功能，但你的肺将会受到影响，左侧声带也会瘫痪。如果我们不做手术切除它，那你最后很有可能会脑卒中。这个肿瘤眼下还是良性，但就我的经验来看，它将来还是可能会癌变的。"

我记得当时我是哭着离开医院的。年纪轻轻就要说话不利索，每次喝水都有可能把自己呛死——想到这些，我就由衷地感到害怕。

幸运的是手术非常成功，而且只留下很少的后遗症。我的左侧眼皮有点下垂，左侧瞳孔比右侧略小，而且左半边头部不能再出汗了。在高强度的训练之后，我的半边脸汗水淋漓，另外半边则一滴汗珠也没有。

在如此年轻的时候与死神擦肩而过，这样的经历对我产生了深切的影响，彻底改变了我的精神世界。虽然过程极为艰辛，但结局总算令人欣慰。我从这件事里看到了生命的脆弱，也理解了"生命短暂"这句话蕴含的深意。从那以后，我不再介意他人如何看待我。正是这种不拘一格的思考推动着我创立了 Myodetox。我深刻地认识到健康即财富，一切身外之物在健康面前都一文不值。

我希望这本书也能帮助其他人认识到同样的道理：生命是如此短暂，你先前的每一个选择，无论是不良体态还是糟糕的运动习惯，都会产生相应的后果，而这些后果将会伴随你的余生。本书的书名直译为"坐直"，但并不是为了提醒你"每天从早到晚都要始终坐直"。我在谈到"坐直"的时候，其实是希望你对自己保持觉察：不仅觉察自己的坐姿，也要觉察自己运动、说话和生活的方方面面。许多人在生活中总是缺乏这样的觉察，仿佛飞行员开启了自动驾驶仪。这只能算是随波逐流地"活着"，而非真正以自己的方式"生活"。

了解自己的身体，了解身体运转和活动的原理，这是我们一生的使命。不要将这种使命视为一种苦差，你为此付出的点滴努力绝不会白费。

如果你一直遵循本书提出的原则，累积起来的收获将不可限量。在此过程中，你将逐渐扫除那些挡在你人生道路上的阻碍，如伤病、慢性疼痛和失能。有些人也许会遭遇意外，生活的重压有时难免令身体疼痛或感到紧张，但身体自有其复原力。认真遵循本书提出的健康计划行事，身体自然能回归正轨，让你享受健康且免于疼痛的生活。

读完这本书，你已经在这条道路上迈出了重要的第一步。现在是时候将你的所学付诸实践了。就这样以新的方式生活下去吧，日复一日，月复一月，年复一年。

写一本书如同打造一个品牌，自始至终都离不开团队合作。在此谨向为本书做出重要贡献的伙伴们致以我最诚挚的谢意。

杰夫·奥康奈尔（Jeff O'Connell）和内森·桑托斯（Nathan Santos）协助我完成了本书的研究和书稿写作工作。没有你们的帮助，这本书里的信息就只是散落在我大脑各处的碎片。感谢你们帮忙完善我的想法，令本书得以面世。

在本书面世之时，我要特别感谢抽时间阅读书稿并提出意见的诸位：安德鲁·萨巴雷（Andrew Sabarre）、阿龙·库珀（Aaron Cooper）、黄瑜璟（Yu-King Wong，音译）、迈克尔·贝卡西奥（Michael Bercasio）、索菲娅·常（Sophia Chang）、朱迪思·汉弗莱（Judith Humphrey）及罗伯特·格林（Robert Greene）。你们的批评和启发对本书的定稿贡献良多。

我必须大声感谢（并热吻）凯拉·哈姆（Kayla Hamm）。你在本书写作过程中给予了我极大的支持，并提供了许多创见。我爱你！

感谢我的经纪人马克·杰拉尔德（Marc Gerald）及来自 Europa Content 的泰

斯·卡雷罗（Tess Callero）。你们在耐克的播客平台上"发掘"了我，并给予我极大的信任。多亏了你们一路指引，我才能完成这第一本书的写作。

感谢本书的平面设计师乔希·克莱因（Josh Klein）。你在整个项目过程中始终非常有耐心。你的才华将被永远保留在这本书里，我对此充满感激之情。

感谢本书的摄影师朱利安·涅瓦（Julian Nieva）。你的经验和努力令本书面目一新。你拍出的照片放在书中既合乎逻辑又美观大方。而且我还要补充一点，是你把这个有些老生常谈的话题变得如此有趣。

感谢阿尼尔·莫罕比尔（Anil Mohambir）和迈克·奥奎阿（Mike Orquia）为本书的图片提供拍摄场地。你们漂亮的工作室令我们的拍摄过程和效果都有极大改观。

感谢各位出镜的模特为本书"献身"，并呈现出饱满的精神。很荣幸看到你们摆出酷酷的表情。

感谢奥赛罗·格雷（Othello Grey）、邓南丕（NamPhi Dang，音译）及贾·特克松（Ja Tecson）。你们的摄影技术对本书做出了重要贡献。

感谢里克·霍根（Rick Horgan）、奥利维娅·伯恩哈德（Olivia Bernhard）和西蒙与舒斯特出版社（Simon & Schuster）的诸位同仁。多亏了你们的信任和帮助，本书才最终得以付梓。

感谢我的妈妈和爸爸。是你们把我养育成人，教给我正确的为人处世和工作之道。我能取得今天的成就离不开你们的栽培。希望这本书能令你们感到骄傲。

衷心感谢其他所有为本书默默付出努力的人们。

最后还要感谢所有我接待过的患者，以及整个 Myodetox 大家庭。我能写出这本书离不开你们的启发。这本书来自你们，也为你们而生，希望你们能喜欢它。爱你们每个人！

坐而读，起而行

翻译荣·范先生的《给久坐者的 12 堂体态纠正课》一书，是一段非常愉快的工作体验。我始终抱着一种"相见恨晚"的心情，一边翻译图书一边忍不住跟着书中的指示进行练习。书还没翻译完，作者推荐的 12 个健康体态训练动作我已经先行学会，并将它们分享给了我的朋友和学员。

本书作者荣·范曾为许多世界顶尖的运动员提供治疗服务，例如仅次于博尔特的短跑名将约安·布莱克。他创办于加拿大的连锁治疗机构 Myodetox（直译为"肌肉排毒"）被誉为物理治疗界的星巴克。他本人亦在社交媒体上定期分享各种保养身体的知识和动作。身为专业人士、知名教练和创业老板，写作这么一本面向普罗大众的读本，荣·范实在是再合适不过的。

我们中国人对基于传统经络理论的针灸、按摩、拔罐等并不陌生，它们都可以被视为物理治疗的一部分。不过，基于现代解剖学、肌动学和医学理论的物理治疗在国内还属于比较新鲜的事物。无论传统手段还是现代体系，如作者所言，治疗师的人数有限、收费高昂，不可能满足所有人的全部需求。另外，不少治疗师和诊疗机构抱着头痛医头、脚痛医脚的思想，又容易治标不治本。因此，我们每个人最好学习去了解自己的身体，并对其进行日常保养。这正是作者写作本书的目的：适用于所有人的"物理治疗自助手册"。

如书中所言，即使是顶级运动员和教练，偶尔也会有对自己体态关注不到的地方，需要专门的保养和干预。身为马伽术教官和健身教练，我自己在训练中受过无数次的伤。我的同行和教练们也是如此。运动损伤和消耗带来的疼痛有时会让人烦躁不已，甚至无法入睡。每一位遭受过"五十肩"、坐骨神经痛和腰背疼痛折磨的人想必也都有同感。若有一些生活习惯和训练动作有助于预防、缓解这些疼痛，你愿不愿意早点学习、及早练习呢？至少我是绝对不会犹豫的。

在翻译本书的过程中，我正好因负重训练造成几处关节和肌肉疼痛。书中有两个动作涉及这些部位的活动。我试练了几天，疼痛便有明显缓解。这让我不由地感慨：如果能早十几年甚至二十年就学会这些动作、习得这些观念，该多好！

我在体育方面是半路出家，直到将近30岁才形成规律的运动习惯，30岁之后又陆续考取了各种专业资质，包括体育教师资格证。回忆往昔，学生时代的体育课之于大多数人，常常不过是"自由活动""强迫运动""测试"的组合。我们为长跑和跳绳的成绩斤斤计较，为自己能多做一个引体向上拼尽全力。只想着体测合格，不影响毕业和升学……，在此过程中，我们并没有进一步了解自己的身体，也没有养成规律运动、自我照护和终身锻炼的习惯。或许很多体育老师和家长也没有意识到这一点。身体之于我们，有时也显得那样陌生、那样遥远。

在观念上，我们都知道身体是每个人的第一财富，也是唯一真正属于自己的财富。但在生活实践中，出于各种原因或借口，我们总会把身体的重要性放在一件又一件的其他事项之后。我们在上班时久坐不动、在盯着电子设备时弯腰低头、在回家后选择"葛优瘫""懒人躺"，或者在运动和健身时自觉不自觉地采用了错误的动作模式……久而久之，身体以明显的病痛作为回应。直到此时，我们看着镜子里的自己、诊疗室里的自己，甚至是病床上的自己，终于幡然醒悟：我的身体怎么变成了现在这个样子？

俗话说"你不理财，财不理你"。身体是我们的财富，但有多少人对自己的身体有足够的了解呢？例如，你能说出控制自己膝关节活动的主要肌肉吗？你在做"靠墙静蹲"和"小燕飞"的时候，能意识到身体的哪些关节和肌肉在按什么样的模式活动吗？你知道瞎练造成的伤害甚至可能比完全不运动更严重吗？市面上针对专业人士训练（例如教练或治疗师）的书籍很多，但面向大众普及基本知识的信息源实在太少。阅读本书可以成为了解"身体财富"的开始。这样一来，你就能更高效、更方便地进行"理财"。

我们的身体在大多数时候勤勤恳恳、兢兢业业、任劳任怨，但不代表它可以永远任由我们折腾而不产生任何变化。一年一次的贪杯或暴食不会让你身材走形，但如果每天胡吃海塞，高血压、糖尿病、肥胖和痛风就是大概率的后果。身体活动和运动也是同理。我们的伤病常常是日积月累，偶有迹象，突然发作——但事后追溯起来，总是有迹可循。对已经发生的伤病进行溯因和干预，是物理治疗师、运动康复师、教练及医师的专业工作。在此之前，我们可以了解常见的致病因素，然后在自己的生活中反其道而行之，尽可能推迟或避免病痛的产生。这正是作者贯穿全书的"预保养"概念。从某种意义上来说，我们也可以将之理解为科学的、身体活动层面上的"治未病"。

当然，这并非也不应该是一本"坐着读完，放下不管"的书。从本书的第 5 章开始，作者向我们展示了一整套"自助治疗"的基本方案：从自我评估开始，接着就是针对全身各主要关节的活动度训练，以及对身体主要肌群的泡沫轴放松技术。在本书的第 9 章，作者也提供了针对特殊人群（如孕妇和老人）的一些基本建议。书中的 12 个练习和泡沫轴滚压都只是蓝本，我们可以视自己的情况对其进行调整。但这里的关键不在于学到或拒斥某些动作和观念，而是将我们知道的行之有效的训练方法付诸实践，然后日复一日、持之以恒。

除了"训练"，我们还应该在日常生活中尽量保持正确的、合乎健康的体态，并及时干预长期不良体态导致的问题。你也许能维持每周 3 次、每次 30 分钟的中等强度运动，但如果在另外的 160 多个小时里常常头颈前伸、圆肩驼背、骨盆倾斜或脊柱扭曲，什么样的运动都救不了你。人在生活中的每时每刻都在活动和使用自己的身体，每一次错误的使用都是为自己积累一点微小的损伤。如果能意识到这一点，我们就该消除运动和除运动以外的生活之间的界限。生命在于运动，或者说，运动就是生命本身。我们应该在大多数活着的时候都以基本正确的方式活动，而不是指望用少数锻炼对冲其余时刻的漫不经心。

在读完这本书之后，我们也应该将"预保养"的理念铭记在心，并在生活中尽量维持正确的体态、训练关节的活动度，让身体这个"财富"长期维稳并有望增长。值此巨变之时，愿所有人都保持健康，病而不倒，复而能原。

　　本书所涉及的内容大部分来自我多年的专业实践，以及我们物理治疗师行业的认证训练课程。对现有科学研究报告的深入阅读和总结也为我的理论提供了依据。科学研究的结果日新月异，如果你在获得认证后就不再更新自己的知识，那么不消几年你就会被远远甩在后面。我在过去 14 年的从业过程中服务了数以千计的患者，与他们打交道的经验不可避免地影响了我。这种基于直接经验的研究，如果与先前的科学研究结果相符，而且能得到后者的支持，那么对我这样的实践者来说就是无价的财富。

1. 不良体态与疼痛是一种流行病

1　　"Individuals with chronic pain": M. Racine. "Chronic Pain and Suicide Risk: A Comprehensive Review." *Progress in Neuro-Psychopharmacology & Biological Psychiatry 87*, pt. B (2018): 269–80. doi: 10.1016/j.pnpbp.2017.08.020.

2　　a billion-dollar industry, with 70 percent of U.S. adults: D. Rubin. "Epidemiology and Risk Factors for Spine Pain." *Neurologic Clinics* 25, no. 2 (2007): 353–71. doi: 10.1016/j.ncl.2007.01.004.

3   one in six people worldwide will be over age sixty-five: United Nations, Department of Economic and Social Affairs, Population Division. *World Population Prospects 2019: Highlights* (ST/ESA/SER.A/423).

2. 常见坐姿及其影响

1   the energy expended by those who are sitting compared to: S. A. Creasy et al. "Energy Expenditure During Acute Periods of Sitting, Standing, and Walking." *Journal of Physical Activity and Health* 13, no. 6 (2016): 573–78. doi: 10.1123/jpah.2015-0419.

2   getting up and standing for at least half the time you're at work: Brigid Schulte. "Economic Policy: Health Experts Have Figured Out How Much You Should Sit Each Day." *Washington Post*, June 2, 2015. https://www.washingtonpost.com/news/wonk/wp/2015/06/02/medical-researchers-have-figured-out-how-much-time-is-okay-to-spend-sitting-each-day/.

3   the costs of a sedentary lifestyle: D. Ding et al. "The Economic Burden of Physical Inactivity: A Global Analysis of Major Non-Communicable Diseases." *The Lancet* 388, no. 10051 (2016): 1311–24. doi: 10.1016/S0140-6736(16)30383-X.

4   one in four Americans sits for more than eight hours a day: E. N. Ussery et al. "Joint Prevalence of Sitting Time and Leisure-Time Physical Activity Among US Adults, 2015–2016." *JAMA* 320, no. 19 (2018): 2036–38.

5   study comparing transit drivers: J. N. Morris et al. "Coronary Heart-Disease and Physical Activity of Work." *The Lancet* 262, no. 6795 (1953): 1053–57. doi:

10.1016/s0140-6736(53)90665-5.

6   In a meta-analysis of more than 1 million people: U. Ekelund et al. "Does Physical Activity Attenuate, or even Eliminate, the Detrimental Association of Sitting Time with Mortality? A Harmonised Meta-Analysis of Data from More Than 1 Million Men and Women." *The Lancet* 388, no. 10051 (2016): 1302–10. doi: 10.1016/ S0140-6736(16)30370-1.

7   6 percent of all deaths worldwide can be attributed to inactivity: "Global Health Risks: Mortality and Burden of Disease Attributable to Selected Major Risks." Geneva: World Health Organization, 2009.

8   On average teens use their smartphone: "The Common Sense Census: Media Use by Tweens and Teens, 2019." https://www.commonsensemedia.org/research/the-common-sense-census-media-use-by-tweens-and-teens-2019. This report presents the results of a nationally representative survey of more than 1,600 U.S. eight- to eighteen-year-olds, about their use of and relationship with media.

3. 不良体态和久坐导致的 16 种恶果

1   Having more weight around your waist: N. Teasdale et al. "Obesity Alters Balance and Movement Control." *Current Obesity Reports* 2, no. 3 (2013): 235–40. doi:10.1007/s13679-013-0057-8.

2   The older someone gets, the more pronounced: J. Giannoudis, C. A. Bailey, and R. M. Daly. "Associations Between Sedentary Behaviour and Body Composition, Muscle Function and Sarcopenia in Community-Dwelling Older Adults." *Osteoporosis International* 26, no. 2 (2015): 571–79. doi: 10.1007/s00198-014-2895-y.

3   physical activity reduces the rate of bone loss: R. Nikander et al. "Targeted Exercise

Against Osteoporosis: A Systematic Review and Meta-Analysis for Optimising Bone Strength Throughout Life." *BMC Medicine* 8, no. 47 (2010). doi: 10.1186/1741-7015-8-47.

4   Hunched posture and too much sitting weakens postural muscles: E-Y. Kim, K-J. Kim, and H-R. Park. "Comparison of the Effects of Deep Neck Flexor Strengthening Exercises and Mackenzie Neck Exercises on Head Forward Postures Due to the Use of Smartphones." *Indian Journal of Science and Technology* 8, suppl. 7 (2015): 569–75. doi: 10.17485/ijst/2015 /v8iS7/70462.

5   An Iranian study found that staring at a computer: P. Nejati, S. Loftian, A. Moezy, and M. Nejati. "The Study of Correlation Between Forward Head Posture and Neck Pain in Iranian Office Workers." *International Journal of Occupational Medicine and Environmental Health* 28, no. 2 (2015): 295–303. doi: 10.13075/ ijomeh.1896.00352.

6   neck pain ranged from 28 to 61 percent: N. Pargali and N. Jowkar. "Prevalence of Musculoskeletal Pain Among Dentists in Shiraz, Southern Iran." *International Journal of Occupational and Environmental Medicine* 1, no. 2 (2010): 69–74; A. Aarabi et al."Musculoskeletal Disorders in Dentists in Shiraz, Southern Iran." *Iranian Red Crescent Medical Journal* 11, no. 4 (2009): 464–65; G. Chamani et al. "Prevalence of Musculoskeletal Disorders Among Dentists in Kerman, Iran." *Journal of Musculoskeletal Pain* 20, no. 3 (2012): 202–7. doi: 10.3109/10582452.2012.704138.

7   a rounded mid back can increase your risk for a tendon tear: A. Yamamoto et al. "The Impact of Faulty Posture on Rotator Cuff Tears with and without Symptoms." *Journal of Shoulder and Elbow Surgery* 24, no. 3 (2015): 446–52. doi: 10.1016/ j.jse.2014.07.012.

8   tend to adopt a hunched posture: A. Cuddy. "Your iPhone Is Ruining Your Posture—and Your Mood." *New York Times online*, December 12, 2015. https://www.nytimes.com/2015/12/13/opinion/sunday/your-iphone-is-ruining-your-posture-and-your-mood .html.

9   a more difficult time pulling themselves out of a bad mood: L. Veenstra, I. K. Schneider, and S. L. Koole. "Embodied Mood Regulation: The Impact of Body Posture on Mood Recovery, Negative Thoughts, and Mood-Congruent Recall." *Cognition and Emotion* 31, no. 7 (2017): 1361–76. doi: 10.1080/02699931.2016.1225003.

10   Eight out of ten U.S. adults say they experience stress: L. Saad. "8 in 10 Americans Afflicted by Stress." Gallup Wellbeing, December 20, 2017. Gallup poll based on telephone interviews conducted December 4–11, 2017, with a random sample of 1,049 adults, aged eighteen and older, living in all fifty U.S. states and the District of Columbia. https://news.gallup.com /poll/224336/eight-americans-afflicted-stress.aspx.

11   sedentary behavior elevates the risk of insomnia: Y. Yang et al. "Sedentary Behavior and Sleep Problems: A Systematic Review and Meta-Analysis." *International Journal of Behavioral Medicine* 24, no. 4 (2017): 481–92. doi: 10.1007/s12529-016-9609-0.

12   falls are the leading cause of injuries among the elderly: Centers for Disease Control and Prevention, "Keep on Your Feet—Preventing Older Adult Falls." https://www.cdc.gov /injury/features/older-adult-falls/index.html.

13   the elderly often lose their ability to move laterally: M. J. Hilliard et al. "Lateral Balance Factors Predict Future Falls in Community-Living Older Adults." *Archives of Physical Medicine and Rehabilitation* 89, no. 9 (2008): 1708–13. doi: 10.1016/

j.apmr.2008.01.023.

14   A slouched or collapsed sitting posture compresses the lungs: Sarah Dalton; reviewed by Judith Marcin, MD. "Breathe Deeper to Improve Health and Posture." Healthline, August 18, 2020. https://www.healthline.com/health/breathe-deeper-improve-health-and-posture.

4. 运动帮你实现身体"逆生长"

1   the "stitching" that holds together: C. Stecco et al. "The Fascia: The Forgotten Structure." *Italian Journal of Anatomy and Embryology* 116, no. 3 (2011): 127–38.

2   Applying intentional specific mechanical stress: N. R. Dhiman et al. "Myofascial Release Versus Other Soft Tissue Release Techniques Along Superficial Back Line Structures for Improving Flexibility in Asymptomatic Adults: A Systematic Review with Meta-Analysis." *Journal of Bodywork and Movement Therapies* 28 (2021): 450–57. doi: 10.1016/j.jbmt.2021.06.026.

3   static stretches can actually decrease: J. Opplert and N. Babault. "Acute Effects of Dynamic Stretching on Muscle Flexibility and Performance: An Analysis of the Current Literature." *Sports Medicine* 48, no. 2 (2018): 299–325. doi: 10.1007/s40279-017-0797-9.

5. 给自己做一个全身评估

1   an injury can change proprioception: M. J. Rivera, Z. K. Winkelmann, C. J. Powden, and K. E. Games. "Proprioceptive Training for the Prevention of Ankle Sprains: An Evidence-Based Review." *Journal of Athletic Training* 52, no. 11 (2017): 1065–67.

doi: 10.4085/1062-6050-52.11.16.

2 proprioceptive input at the trunk: J. E. Aman, N. Elangovan, I-L. Yeh, and J. Konczak. "The Effectiveness of Proprioceptive Training for Improving Motor Function: A Systematic Review." *Frontiers in Human Neuroscience* 8 (2014): 1075. doi: 10.3389/fnhum.2014.01075.

7. 进一步提升活动度的泡沫轴训练

1 improve flexibility: S. W. Cheatham, M. J. Kolber, M. Cain, and M. Lee. "The Effects of Self-Myofascial Release Using a Foam Roll or Roller Massager on Joint Range of Motion, Muscle Recovery, and Performance: A Systematic Review." *International Journal of Sports Physical Therapy* 10, no. 6 (2015): 827–38.

2 These slings comprise muscle: M. Panjabi. "The Stabilizing System of the Spine. Part I. Function, Dysfunction, Adaptation, and Enhancement." *Journal of Spinal Disorders* 5, no. 4 (1992): 383–89. doi: 10.1097/00002517-199212000-00001.

8. 改善体态，远离 10 种常见病痛

1 Tension and cervicogenic headaches can be influenced: P. R. Blanpied et al. "Neck Pain: Revision 2017: Clinical Practice Guidelines Linked to the International Classification of Functioning, Disability, and Health from the Orthopaedic Section of the American Physical Therapy Association." *Journal of Orthopaedic & Sports Physical Therapy* 47, no. 7 (2017): A1–A83. doi: 10.2519/jospt.2017.0302.

2 This is why conditions like carpal tunnel syndrome: A. I. De-la-Llave-Rincón, C. Fernandez-de-las-Peñas, D. Palacios-Ceña, and J. A. Cleland. "Increased Forward

Head Posture and Restricted Cervical Range of Motion in Patients with Carpal Tunnel Syndrome." *Journal of Orthopaedic & Sports Physical Therapy* 39, no. 9 (2009): 658–64. doi: 10.2519/jospt.20009.3058.

3   thoracic outlet syndrome can manifest from the neck: N. A. Levine and B. R. Rigby. "Thoracic Outlet Syndrome: Biomechanical and Exercise Considerations." *Healthcare* (Basel) 6, no. 2 (2018): 68. doi: 10.3390/healthcare6020068.

4   twice as prevalent in men than women: O. R. Fjeld et al. "Complications, Reoperations, Readmissions, and Length of Hospital Stay in 34,639 Surgical Cases of Lumbar Disc Herniation." *Bone & Joint Journal* 101-B, no. 4 (2019): 470–77. doi: 10.1302/0301-620X.101B4.BJJ-2018-1184.R1.

5   mobility and exercise have been shown to be effective in mitigating: W. Xu et al. "Is Lumbar Fusion Necessary for Chronic Low Back Pain Associated with Degenerative Disc Disease? A Meta-Analysis." *World Neurosurgery* 146 (2021): 298–306. doi: 10.1016/j.wneu.2020.11.121.

6   up to 30 percent of disc herniations: W. Brinjikji et al. "MRI Findings of Disc Degeneration Are More Prevalent in Adults with Low Back Pain Than in Asymptomatic Controls: A Systematic Review and Meta-Analysis." *American Journal of Neuroradiology* 36, no. 12 (2015):2394–99. doi: 10.3174/ajnr.A4498.

7   It's an overuse injury related to repetitive stress: D. Sisk and M. Fredericson. "Update of Risk Factors, Diagnosis, and Management of Patellofemoral Pain." *Current Reviews in Musculoskeletal Medicine* 12, no. 3 (2019): 534–41. doi: 10.1007/s12178-019-09593-z.

8   two bosses: the hip: C. J. Barton, S. Lack, P. Malliaras, and D. Morrissey. "Gluteal Muscle Activity and Patellofemoral Pain Syndrome: A Systematic Review." *British Journal of Sports Medicine* 47, no. 4 (2013): 207–14. doi: 10.1136/

bjsports-2012-090953.

9　　and the foot: D. Sisk and M. Fredericson. "Update of Risk Factors, Diagnosis, and Management of Patellofemoral Pain." *Current Reviews in Musculoskeletal Medicine* 12, no. 4 (2019): 534–41. doi: 10.1007/s12178-019-09593-z.

10　　poor foot mobility and walking mechanics: J. D. Goff and R. Crawford. "Diagnosis and Treatment of Plantar Fasciitis." *American Family Physician* 84, no. 6 (2011): 676–82; L. Luffy, J. Grosel, R. Thomas, and E. So. "Plantar Fasciitis: A Review of Treatments." *Journal of the American Academy of Physician Assistants* 31, no. 1 (2018), 20–24. doi: 10.1007/s12178-019-09593-z.

11　　80 percent of people in America: J. K. Freburger et al. "The Rising Prevalence of Chronic Low Back Pain." *Archives of Internal Medicine* 169, no. 3 (2009): 251–58. doi: 10.1001/archinternmed.2008.543.

9. 不同群体针对性训练建议

1　　Erik Dalton, PhD, a manual therapist, educator, and author: E. Dalton, "Puzzle of Perfect Posture." From Advanced Upper Body course. https://erikdalton.com/blog/puzzle-perfect-posture/.

2　　NASA has extensively researched the changes: M. Stavnichuk et al. "A Systematic Review and Meta-Analysis of Bone Loss in Space Travelers." *Nature Partner Journals: Microgravity* 13 (2020).

3　　it leads to greater curvature: C. Roux et al. "Prospective Assessment of Thoracic Kyphosis in Postmenopausal Women with Osteoporosis." *Journal of Bone and Mineral Research* 25, no. 2 (2010): 362–68. doi: 10.1359/jbmr.090727.

4   Medications like steroids: F. Pouresmaeili, B. Kamalidehghan, M. Kamarehei, and Y. M. Goh. "A Comprehensive Overview on Osteoporosis and Its Risk Factors." *Therapeutics and Clinical Risk Management* 14 (2018): 2029–49. doi: 10.2147/ TCRM.S138000.

5   200 million people in the world: T. Sozen, L. Özisik, and N. C. Basaran. "An Overview and Management of Osteoporosis." *European Journal of Rheumatology* 4, no. 1 (2017): 46–56. doi: 10.5152/eurjrheum.2016.048.

6   as women age, the prevalence of osteoporosis increases: S. S-T. Lo. "Prevalence of Osteoporosis in Elderly Women in Hong Kong." *Osteoporosis and Sarcopenia* 7, no. 3 (2021): 92–97. doi: 10.1016/j.afos.2021.09.001.

7   falls account for nearly 300,000 hip fractures: Centers for Disease Control and Prevention. "Hip Fractures Among Older Adults, 2016." https://www.cdc.gov/ homeandrecreationalsafety /falls/adulthipfx.html.

8   physical therapy intervention can reduce falls: S. Karinkanta et al. "Physical Therapy Approaches to Reduce Fall and Fracture Risk Among Older Adults." *Nature Review: Endocrinology* 6, no. 7 (2010): 396–407. doi: 10.1038/nrendo.2010.70.

9   starting around age thirty: T. G. Travison et al. "Harmonized Reference Ranges for Circulating Testosterone Levels in Men of Four Cohort Studies in the United States and Europe." *Journal of Clinical Endocrinology and Metabolism* 102, no. 4 (2017): 1161–73. doi: 10.1210/jc.2016-2935.

10   Along with the back muscles, the glutes: N. A. Cooper et al. "Prevalence of Gluteus Medius Weakness in People with Chronic Low Back Pain Compared to Health Controls." *European Spine Journal* 25, no. 4 (2016): 1258–65. doi:10.1007/s00586- 015-4027-6.

11 Strength peaks at roughly twenty-five: E. Volpi, R. Nazemi, and S. Fujita. "Muscle Tissue Changes with Aging." *Current Opinion in Clinical Nutrition & Metabolic Care* 7, no. 4 (2004): 405–10. doi: 10.1097/01.mco.0000134362.76653.b2.

12 women are more prone than men to neck and shoulder symptoms: R. Fejer, K. O. Kyvik, and J. Hartvigsen. "The Prevalence of Neck Pain in the World Population: A Systematic Critical Review of the Literature." *European Spine Journal* 15, no. 6 (2005): 834–48. doi: 10.1007/s00586-004-0864-4.

13 issues related to using touchscreen devices: S. H. Toh, P. Coenen, E. K. Howie, and L. M. Straker. "The Associations of Mobile Touch Screen Device Use with Musculoskeletal Symptoms and Exposures: A Systematic Review." PLoS ONE 12, no. 8 (2017): e0181220. doi: 10.1371/journal.pone.0181220.

14 Women are even more likely than men to experience low back pain: A. Delitto et al. "Low Back Pain: Clinical Practice Guidelines Linked to the International Classification of Functioning, Disability, and Health from the Orthopaedic Section of the American Physical Therapy Association." *Journal of Orthopaedic & Sports Physical Therapy* 42, no. 4 (2012): A1–A57. https://www.jospt.org/doi/10.2519/jospt.2012.42.4.A1.

15 were literally peeing during heavy lifts: CrossFit, "Do You Pee During Workouts?" https:// www.youtube.com/watch?v=UKzq1upNIgU.

16 up to 90 percent of women who experience low back pain: S. Dufour, B. Vandyken, M-J. Forget, and C. Vandyken. "Association Between Lumbopelvic Pain and Pelvic Floor Dysfunction in Women: A Cross Sectional Study." *Musculoskeletal Science and Practice* 34 (2018): 47–53. doi: 10.1016/l.msksp.2017.12.001.

17 I recommend that if you do experience any of the above symptoms: I. Nygaard et al. "Prevalence of Symptomatic Pelvic Floor Disorders in US Women." *Journal*

of the American Medical Association 300, no. 11 (2008): 1311–16. doi: 10.1001/
jama.300.11.1311.

18   Women tend to have more significant lumbar lordosis: O. Hay et al. "The Lumbar
       Lordosis in Males and Females, Revisited." PLoS One 10, no. 8 (2015): e0133685.
       doi: 10.1371/journal.pone.0133685.

19   those with "flat back": J. Beck, H. Brisby, A. Baranto, and O. Westin. "Low
       Lordosis Is a Common Finding in Young Lumbar Disc Herniation Patients." *Journal
       of Experimental Orthopaedics* 7 (2020): 38. doi: 10.1186/s40634-020-00253-7.

20   gluteus maximus and gluteus medius muscles: N. A. Cooper et al. "Prevalence of
       Gluteus Medius Weakness in People with Chronic Low Back Pain Compared to
       Healthy Controls." *European Spine Journal* 25, no. 4 (2016): 1258–65. doi:10.1007/
       s00586-015-4027-6.

21   But as I mentioned earlier, pelvic floor dysfunction: A. H. MacLennan, A. W.
       Taylor, D. H. Wilson, and D. Wilson. "The Prevalence of Pelvic Floor Disorders and
       Their Relationship to Gender, Age, Parity, and Mode of Delivery." *British Journal
       of Obstetrics and Gynaecology* 107, no. 12 (2000): 1460–70. doi: 10.1111/j.1471-
       0528.2000.tb11669.x.

22   nearly 80 percent will report an injury to a lower extremity: M. P. van der Worp et
       al. "Injuries in Runners: A Systematic Review on Risk Factors and Sex Differences."
       PLoS One 10, no. 2 (2015): e0114937. doi: 10.1371/journal.pone.0114937.

未来，属于终身学习者

我们正在亲历前所未有的变革——互联网改变了信息传递的方式，指数级技术快速发展并颠覆商业世界，人工智能正在侵占越来越多的人类领地。

面对这些变化，我们需要问自己：未来需要什么样的人才？

答案是，成为终身学习者。终身学习意味着具备全面的知识结构、强大的逻辑思考能力和敏锐的感知力。这是一套能够在不断变化中随时重建、更新认知体系的能力。阅读，无疑是帮助我们整合这些能力的最佳途径。

在充满不确定性的时代，答案并不总是简单地出现在书本之中。"读万卷书"不仅要亲自阅读、广泛阅读，也需要我们深入探索好书的内部世界，让知识不再局限于书本之中。

湛庐阅读 App: 与最聪明的人共同进化

我们现在推出全新的湛庐阅读 App，它将成为您在书本之外，践行终身学习的场所。

不用考虑"读什么"。这里汇集了湛庐所有纸质书、电子书、有声书和各种阅读服务。

可以学习"怎么读"。我们提供包括课程、精读班和讲书在内的全方位阅读解决方案。

谁来领读？您能最先了解到作者、译者、专家等大咖的前沿洞见，他们是高质量思想的源泉。

与谁共读？您将加入到优秀的读者和终身学习者的行列，他们对阅读和学习具有持久的热情和源源不断的动力。

在湛庐阅读App首页，编辑为您精选了经典书目和优质音视频内容，每天早、中、晚更新，满足您不间断的阅读需求。

【特别专题】【主题书单】【人物特写】等原创专栏，提供专业、深度的解读和选书参考，回应社会议题，是您了解湛庐近千位重要作者思想的独家渠道。

在每本图书的详情页，您将通过深度导读栏目【专家视点】【深度访谈】和【书评】读懂、读透一本好书。

通过这个不设限的学习平台，您在任何时间、任何地点都能获得有价值的思想，并通过阅读实现终身学习。我们邀您共建一个与最聪明的人共同进化的社区，使其成为先进思想交汇的聚集地，这正是我们的使命和价值所在。

CHEERS

湛庐阅读 App
使用指南

读什么
- 纸质书
- 电子书
- 有声书

怎么读
- 课程
- 精读班
- 讲书
- 测一测
- 参考文献
- 图片资料

与谁共读
- 主题书单
- 特别专题
- 人物特写
- 日更专栏
- 编辑推荐

谁来领读
- 专家视点
- 深度访谈
- 书评
- 精彩视频

HERE COMES EVERYBODY

下载湛庐阅读 App
一站获取阅读服务

图书在版编目（CIP）数据

给久坐者的 12 堂体态纠正课 /（加）荣·范著；乔森译 . -- 北京：华龄出版社，2023.5
ISBN 978-7-5169-2525-6

Ⅰ . ①给… Ⅱ . ①荣… ②乔… Ⅲ . ①身体形态—矫正 Ⅳ . ① G804.4

中国国家版本馆 CIP 数据核字（2023）第 072576 号

出版人　周　宏	责任印制　李末圻	
责任编辑　李　健　陈　馨	装帧设计　湛庐文化	

书　　名	给久坐者的 12 堂体态纠正课	作　　者	[加] 荣·范（Vinh Pham）	
出　　版 发　　行	华龄出版社 HUALING PRESS			
社　　址	北京市东城区安定门外大街甲 57 号	邮　编	100011	
发　　行	（010）58122255	传　真	（010）84049572	
承　　印	唐山富达印务有限公司			
版　　次	2023 年 9 月第 1 版	印　次	2023 年 9 月第 1 次印刷	
规　　格	710mm×965mm	开　本	1/16	
印　　张	16.75	字　数	209 千字	
书　　号	ISBN 978-7-5169-2525-6			
定　　价	109.90 元			